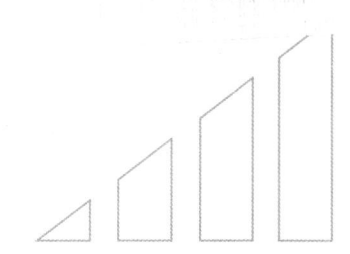

战略性生长
该如何经营企业

王明春 ◎ 著

Strategic Growth
How to Run a Business

企业管理出版社
ENTERPRISE MANAGEMENT PUBLISHING HOUSE

图书在版编目（CIP）数据

战略性生长：该如何经营企业 / 王明春著 . —北京：企业管理出版社，2022.5
ISBN 978-7-5164-2598-5

Ⅰ.①战… Ⅱ.①王… Ⅲ.①企业经营管理 Ⅳ.①F272.3

中国版本图书馆 CIP 数据核字（2022）第 060303 号

书　　名：	战略性生长——该如何经营企业	
书　　号：	ISBN 978-7-5164-2598-5	
作　　者：	王明春	
策　　划：	赵喜勤	
责任编辑：	赵喜勤	
出版发行：	企业管理出版社	
经　　销：	新华书店	
地　　址：	北京市海淀区紫竹院南路 17 号　　邮编：100048	
网　　址：	www.emph.cn　　电子信箱：zhaoxq13@163.com	
电　　话：	编辑部（010）68420309　　发行部（010）68701816	
印　　刷：	河北宝昌佳彩印刷有限公司	
版　　次：	2022 年 7 月第 1 版	
印　　次：	2022 年 7 月第 1 次印刷	
开　　本：	710mm×1000mm　　1/16	
印　　张：	14 印张	
字　　数：	187 千字	
定　　价：	68.00 元	

版权所有　　翻印必究·印装有误　　负责调换

前　言

在我的第一本书《管理即企业设计》付梓出版之后，我以为我不会再著书了，因为那本书几乎涵盖了我关于企业管理的所有基本问题的讨论。可当有一天我的脑海中出现"企业是一种战略性生长现象"这一闪念时，我还是没能抑制住这一发现带来的兴奋，以及将其表达出来的冲动。我知道，它道出了事情的真相。

触及企业的真相的价值和意义不言而喻。它可以让我们知道该如何去正确地经营企业，以及走出那些习惯成当然的误区；它为我们呈现出一个清晰的轮廓，让我们可以从此不再迷失于实践的纷繁和乱象之中，不再对众说纷纭无所适从；它也让我们可以更容易地摆脱事务性和程式化，直击企业经营的实质与关键。它代表的是比管理的那些基本问题维度更高的本质问题，定义管理的范畴并为何为正确提供了根本性的评判标准，是可以使我们实现卓有成效的管理的前提。它为我们建立起关于企业经营和管理的正确的基本理念。

本书采用了深度结合实例的写作模式。这不仅是因为尊重事实是我创造知识的基本原则，还因为我想用直观的内容对抽象的意思进行呈现，而不是用枯燥晦涩的论述。所以，本书中的讲故事不是为了讲故事，而是为了更直观地说明它们所呈现的事物背后的秩序。例如我的目的是讲解万有引力，但我会尽可能地借用苹果往地上掉这类现象和故事进行讲解。我希望能让读者在故事中轻松自然地去重新分辨一些事情，以及接受一场观念的洗礼。

因此，本书又像一位高级解说员，帮助读者看懂关于企业的种种现象，并明了企业经营管理的底层逻辑——本书的重点是把企业经营之道，以及一些管理方面的大道理（而不是细节）揭示清楚。这些大道理说出来可能让人感觉很普通、很常见，但真正在这方面完全觉醒并能在实践中做对的企业却不多，所以卓越企业总是凤毛麟角，基业长青也总是可望而不可即。事理需要被明示出来，让其摆脱现象和经验的存在形式。有些东西，只有站在一定层次才能看得见，才能看得真切。让行事在更大的方向上正确和返璞归真，是一种超级能力。

而且我坚信，现象与本质是完全相通的。所以，如果认知的结果是对的，则事实也就是它最好的、最完美的说明材料。我也始终认为，一个管理学者的东西，如果与实践之间有很大的出入，那就要小心它了，因为它多半是错的。同时，我还会尽可能地保持案例的完整性和原汁原味。实践的真实、具体、丰富的内容对读者而言也是有价值的，并可能引起更多的触动和思考，我希望这本书能带给读者更多的收获。

本书的研究完全建立在企业实践的基础上。我认为那是企业管理的真实世界，它把一切都展示了出来，只待我们去研究和总结。正如巴菲特所言："我相信答案就在历史当中。"实践才是一本真正的教科书，关键在于我们读不读得懂，读不读得出东西。实践需通过理论研究才能显露其真意。感谢互联网，它让我可以便捷地获得大量企业的史料，包括那些最卓越企业的史料和天才企业家们的真知灼见。读者也因此可以通过本书了解100多年来商业世界的那些实践智慧和经典案例。

本书中企业家们的谈话均来自北京英途跨文化交流有限公司的"全球商业认知"视频号（专门注明出处的除外），在这里特别注明并表示感谢。低级主体的身上不会有高级主体的现象，这些视频让我看到了许多卓越企业的真实场景，看到了许多卓越企业家头脑中的思考和认识。我认同台积电公司创始人张忠谋"用世界级标准做世界级企业"的基本思路。但对企业管理而言，没有"世界级"的研究对象，做不成"世界级"水准的研究。

本书也承载着我的建立关于企业管理的认知体系和统一理论，以及最终实现重建企业管理学的梦想。它亦成就了我的心智，让我最终走向了对认知性心理的皈依。最后，我要把这本书送给我的女儿王远尘，她是上帝寄养在我们家的孩子。希望她自由、快乐，并祝愿她有朝一日取得属于她的成就！

王明春

2022年3月1日于上海

目 录

第一章　企业是一种战略性生长现象 …………………………………… 1
第一节　企业是人类社会系统中的一个增值环节 ………………………… 1
　　一、没有无端的存在 …………………………………………………… 1
　　二、社会价值性是企业主体与生俱来的属性 ………………………… 5
第二节　"战略性—生长"矩阵 …………………………………………… 8
　　一、"企业性"与解析 ………………………………………………… 8
　　二、进一步说明 ……………………………………………………… 10
　　三、也弄清楚了管理的指向 ………………………………………… 15
第三节　失去战略性和生长性，终将出局或陷入平庸 ………………… 17

第二章　没有生长，一切都无从谈起 ………………………………… 31
第一节　长出苹果，才会有苹果 ………………………………………… 31
　　一、都是源于生长 …………………………………………………… 31
　　二、扼杀生长的后果是悲剧性的 …………………………………… 36
　　三、两点补充 ………………………………………………………… 39
第二节　核心是产品、效率，及其背后的科技的发展 ………………… 41
　　一、产品，产品，包括服务 ………………………………………… 41
　　二、效率是另一个维度的价值性生长 ……………………………… 44
　　三、还有科技，背后的科技 ………………………………………… 47
第三节　不仅指内生生长 ………………………………………………… 50
　　一、本应包括对外部生长的集成 …………………………………… 50

1

二、但内生生长永远是基础 ································· 52

第三章　战略发展让卓越企业脱颖而出 ······················· 55
第一节　战略发展更高效 ······························· 55
　　一、战略发展对企业的意义从来如此 ····················· 55
　　二、例举 ··· 56
第二节　洞见总是难得 ································· 66
　　一、洞见不是想有就能有的 ····························· 66
　　二、无替代性解决方案 ································· 70
第三节　过程的战略性更有意义 ························· 71
　　一、没有人从一开始就知道如何做 ······················· 71
　　二、示例一下这种过程 ································· 71
　　三、本质上都是过程模式 ······························· 86

第四章　主观能量态决定论 ································· 91
第一节　背后的塑造力 ································· 91
　　一、企业是一种主观能量态的产物 ······················· 91
　　二、企业家是这种塑造力的核心 ························· 93
　　三、作为主体的企业的主观能量态 ······················ 102
第二节　对人的问题的解决是关键 ······················ 106
　　一、人是主观能量态的载体 ···························· 106
　　二、人才问题，又是关于人的这个关键问题的关键部分 ···· 108
　　三、选择人而不是改造人 ······························ 110
　　四、扔掉"坏苹果" ·································· 114
　　五、权利方案不可或缺 ································ 115
第三节　自主、领导力与框架 ·························· 118
　　一、要深谙企业的组织魔法和组织炼金术 ················ 118

二、充分发挥人的潜能，需要他有自主性和自主
　　　　发挥的空间 ……………………………………………… 121
　　三、领导力原则 …………………………………………… 128
　　四、经由框架实现统一和升维 …………………………… 132

第五章　不同情境企业的主体发展任务 …………………… 137
第一节　方向相同不等于任务相同 ………………………… 137
　　一、"B 趋 A"和"C 趋 A" ……………………………… 137
　　二、场力强大者则能书写传奇 …………………………… 139
　　三、引申一下 ……………………………………………… 145
第二节　向"企业性"的方向回归 ………………………… 146
　　一、卓越企业是更具"企业范儿"的企业 ……………… 146
　　二、这种回归，也属于整个商业世界 …………………… 151
　　三、必然伴随着对管理的"颠覆" ……………………… 153
第三节　增强 E-P-S-B 系统 ………………………………… 156
　　一、企业系统解构 ………………………………………… 156
　　二、增强，离不开管理上的有效设计 …………………… 158
　　三、包括那些不被认为属于"管理"的管理 …………… 161

第六章　自我设计 ……………………………………………… 165
第一节　避免落入法约尔范式 ……………………………… 165
　　一、先来看几个事例 ……………………………………… 165
　　二、为什么会这样 ………………………………………… 169
　　三、至少要让管理回归其本意 …………………………… 175
第二节　以自我设计为中心 ………………………………… 186
　　一、企业管理实践的科学范式 …………………………… 186
　　二、自我设计才是正途 …………………………………… 188

三、自我设计，也才能自成体系 …………………………… 191
　第三节　认知始终是最大的问题 ……………………………… 200
　　一、从认知到方法，是人类实践的基本过程 ………………… 200
　　二、对对象的认知，决定我们能否把管理做对 ……………… 204
　　三、认知严重缺位，是管理学领域的一个事实 ……………… 207

后记　我与企业管理学的重建 ………………………………… 213

第一章 企业是一种战略性生长现象

第一节 企业是人类社会系统中的一个增值环节

一、没有无端的存在

企业不是上帝的创造物,它是人类的创造物。社会性的东西,皆因被需要而存在。企业首先是人类社会系统中的一个增值[①]环节,否则它就没有存在的依据和可能。换句话说,企业是因其特别的价值而存在,否则,它就不该存在,也无法存在。正如好市多公司(Costco)现任CEO吉姆·西格尔(Jim Sinegal)所说:"人们之所以选择到我们这儿消费,是因为我们能够给他们带来价值"。也正如苹果公司联合创始人史蒂夫·乔布斯(Steve Jobs)所说:"我们存在的意义,就是制造更好的产品。我们只想为大家做最好的产品,他们会用钞票投票我们是否做了一件好东西"。

我们选择企业这种实践方式,只是因为可以获得更好的增值效果和更高的增值效率。从社会层面看,我们通过对企业家的激励和利用企业间竞争实

[①] 有两种基本类型:新价值和效率。

现这一目的；从企业层面看，我们通过集聚、激发员工的能量和提高系统效率实现这一目的。这也意味着，企业与一般社会系统是有一定区别的，它是对某种社会功能的截取和增强，即在主体性质和构造上有着某种内在的规定性[①]。而诸如"企业是对市场的替代"这类制度经济学的观点，或许可以解释企业的边界问题，但不能解释企业的本质（the nature）问题[②]。

任何一个企业和产业的存在，根本上都是因为其对社会的这种价值贡献，贡献越大，规模就越大（见图1-1，每个点代表一个企业，点的大小表示企业规模的大小），地位就越高，反之则相反。就个体而言，企业不应该被随意建立；能向社会提供增值（包括相对于现有方式和企业的增值），是企业应该被建立的前提。企业应是因某个价值性目的而成立的，单个企业也是因为其独特的价值贡献而在商业世界取得一席之地的。每个企业都是社会价值系统中的一个价值单元，并架构出不同的价值维度。资源型企业是企业的低级形式和早期形态。

换个角度说，如果某个企业已不再具有这种性能，则它被淘汰也是合理的——商业世界也应有它的新陈代谢。新陈代谢是商业世界自我演进和更新的一种方式，其背后则是市场用选择维持着它对企业的定义。

企业向社会提供增值的具体形式是多种多样的。亨利·福特（Henry Ford）时期的福特公司提供的是"适合大众的汽车，价格低廉，谁都买得起"；亚马逊公司（Amazon）提供的是更低的价格，更优的选择，更快的交付；盛田昭夫（Akio Morita）时期的索尼公司提供的是高品质的消费电子产品，如晶体管收音机、固态晶体管电视机、彩色电视显像管、录像带技术、随身听CD机、Playstation等；东芝公司提供的是日本本土的第一个白热电灯泡，第一台晶体管

[①] 这种规定性，也可以理解为是企业这种社会性存在的第一性。第一性原理源于古希腊哲学家亚里士多德（Aristotle）提出的一个哲学观点：每个系统中存在一个最基本的命题，它不能被违背或删除。

[②] 企业本质的核心不在于它被作为一种交易模式，而在于它是一种价值创造系统。

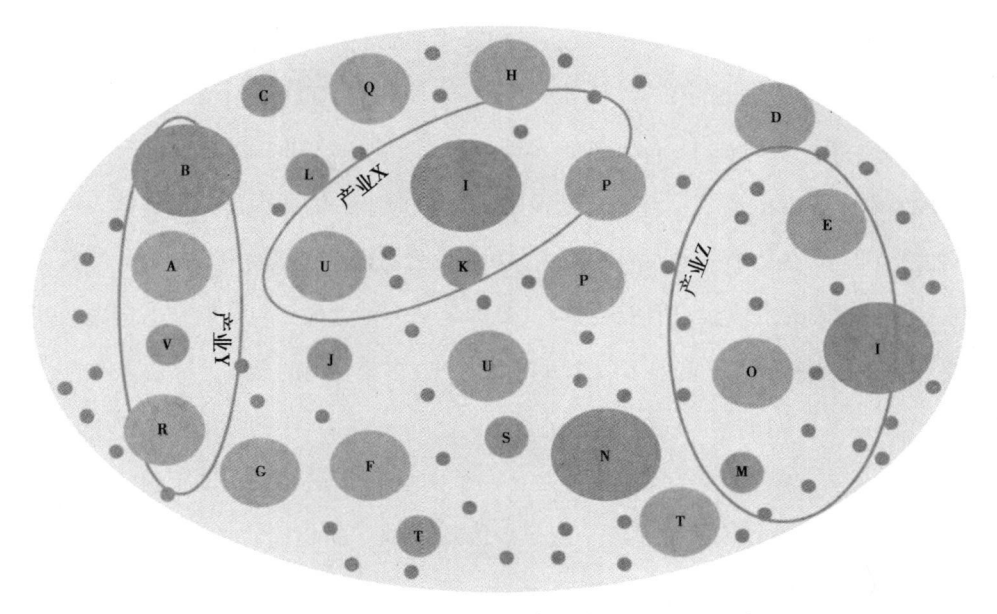

第一章 企业是一种战略性生长现象

图 1-1 企业是社会系统的一个增值环节

电视，第一台水轮式发电机，第一个电饭煲、电冰箱、微波炉，第一台文字处理机等；迪士尼公司提供的是"快乐"；日本哈德洛克（Hard Lock）工业株式会社提供的是"永不松动"的螺母；当年的摩托罗拉公司提供的是无线通信；惠普公司提供的第一个产品是音频振荡器；星巴克公司提供的是咖啡和顾客体验；Zara公司为顾客提供的是"买得起的快速时装"；皮克斯公司的准则是推出伟大的片子；英特尔公司提供的是设计复杂的处理器；高通公司崛起于其在1991年成功研发出CDMA手机和芯片；谷歌公司（Google）最初提供给市场的是全球最棒的搜索引擎；德国菲仕乐公司（Fissler）制造可以使用100年的锅具；法国LVMH集团提供的是奢侈品；罗氏公司提供治疗中枢神经系统疾病、传染病、炎症、心血管疾病、肿瘤、病毒感染、皮肤病、肥胖症等各类疾病的药物和诊断技术等；美国西南航空公司提供的是廉价和方便的航空服务；IBM公司的工程师Forrest Parry最先将磁介质与塑料卡片黏合在一起用于数据存储，并成了磁带技术的先驱；美国GE公司1895年建造了世界最大的电气机车，1896年设计了世界第一台商用X光机，1938年发明了世界第一个日光灯，1942年制造了世界第一台喷气式飞机发动机，1947年发明了世界第一台双门冰箱，1957年建立了世界第一家核电厂……

维珍集团（Virgin Group）创始人理查德·布兰森（Richard Branson）从他的角度解释了企业的这一层含义："我们进入新领域唯一的原因是觉得其他人经营得太糟糕了。在每个要进入的新领域，发现大公司做得糟糕的市场缺口，然后进入，去撼动整个行业。"所以，维珍这家涉足了多个领域（包括航空、金融、铁路、唱片、婚纱、避孕套等）的庞大集团的250多家公司的存在，都是合理的。

SpaceX公司创始人埃隆·马斯克的传记 *Elon Musk*[①] 中列举的两个例子，则是对企业这一属性的更为精确的注解：一个例子是SpaceX公司的工程师自己研发制造出来的一套无线电系统，跟供应商提供的产品相比，重量减少了20%，造价从5万~10万美元降到了5000美元；另一个例子中提到，一位工程师需要一个部件，供应商的报价是12万美元，该工程师去找马斯克申请预算，马斯克只批给他1万美元。后来该工程师花了9个月自己研发和制造那个部件，最终造价降到了3900美元。为了降低成本，马斯克每每将员工的创造性推到极限。还有一组数据：美国宇航局（NASA）之前在航天发射领域的主要合作商——洛克希德·马丁与波音公司合资成立的联合发射联盟（ULA）每次的发射成本是3.8亿美元，而SpaceX每次的发射成本是9000万美元，如果去除因政府硬性要求而额外增加的成本，SpaceX实际所需成本只有6000万美元。同时，SpaceX公司还通过研发火箭回收技术等，使该成本进一步降低。

企业作为一种存在，其功能正像马斯克在谈到特斯拉公司时所说：以往很多人都认为，电动车速度太慢、跑不远、外形又丑，跟高尔夫球车没两样。为了改变人们的印象，我们开发出了特斯拉Roadster——一款速度快、跑得远、造型酷的电动跑车。Roadster面世后，又有人说"就算做得出昂贵的限量跑车，

---

① Ashlee Vance.Elon Musk［M］.Ecco，2016.

你们有本事做真正的量产汽车吗"？没问题，我们就推出了四门房车 Model S。

二、社会价值性是企业主体与生俱来的属性

企业意味着对社会的贡献，而不是消耗。谷歌公司前 CEO 埃里克·施密特（Eric Schmidt）对此做了清楚的说明：当我们开始了解创始人如何花钱时，我总能分辨出是否在与合适的人打交道。每当我走进一家创业公司，那里有漂亮的办公室和桌椅，我就会感到害怕。当我加入谷歌时，我在一间办公室和其他四位工程师挤在一个办公桌上办公，最后我有了一间 8 米乘 12 米的办公室，我的办公桌是一扇门改装的，没错，桌子实际上是一扇门，我一直保留着它，为了提醒自己成功需要什么。伟大的创始人都很节俭，他们明白，钱需要准确地用于某些领域，许多成功的创始人在开始时根本没有工资。所以，如果你不准备接受这种生活方式，你就不会理解创业者是什么样子的，你会想当然地想当一名创始人，想拥有一个能看见美景的办公室，还有很多秘书，以及所有这些好事。其实不是这样的，对吧？伟大的创始人总是以节俭的方式开始的。

用马斯克的话说则是：公司到底是干什么的？为什么会有公司存在？公司是一群人聚在一起，创造产品和服务。公司本身没有价值，价值取决于有效地分配资源，以及创造出的产品和服务大于投入的成本价值。

企业是一个增值环节，也是一种价值开发方式。随着更多的价值领域被以这种人为的实践模式开发出来，社会上的价值种类日益增多，商业世界也会愈发多元和丰富。社会价值性[①]是企业作为一类主体的内在规定性之一，而竞争不是。用亚马逊公司创始人杰夫·贝索斯（Jeff Bezos）的话来说就是："迄今为止使亚马逊

---

① 具体体现为对客户的价值性或客户价值导向性。在社会关系中，"价值"是相对于他者而言的。所以，"利他"是企业的基本属性，是企业作为企业的必须，而不属于企业（家）的道德律、情怀和可以自我选择之类的东西。正如沃尔玛公司（WalMart）创始人山姆·沃尔顿（Sam Walton）说的那样：这个世界上只有一个老板，那就是客户，他可以随便开除公司里的任何人，上至董事长，下至普通员工，而且他的手段非常简单——只需不买你的产品即可。

5

战略性生长——该如何经营企业

成功的最重要的一条原则是,强制性且痴迷于关注客户,而不是竞争对手……如果你能一直专注于客户,而不是竞争对手,这对任何公司都是巨大的优势。"

同时,为了获得更强大的发展势能,企业还必须为自己确立更高的客户价值标准[1],包括不断向其产品和服务中注入新的价值内涵;企业是相对于客户的一种存在,不能将自我的利益诉求置于优先于客户价值的位置上;企业扩张,也是建立在这种势能基础上的;卓越,来自不断地挑战自我,而不是对手。真正的企业家只关注客户价值创造和客户价值管理[2],而不是客户策略。正如马斯克在一次电视节目上与中国企业家交流时说:我真的不喜欢"营销"这个概念,这个东西很奇怪,我觉得有时营销在很大程度上就好像是一群人在欺骗消费者,以此让他们来购买产品。

实践中人们经常提及的客户导向或以客户为中心的经营理念,比较符合

---

[1] 台积电的诞生伴随着张忠谋那句"当我办一个半导体公司,当然要它长期繁荣。那只有一条路——世界级"。不过一开始就充满艰辛。在人才难觅的情况下,台积电依靠新模式这个秘密武器(专业积体电路制造服务)也敲不开市场的大门。设在美国的一位业务代表,虽然四处奔波拜访客户,但忙了一年多,也没有带进几个客户。所以,开始一两年,台积电只能靠少量订单艰难维持,吃了上顿,不知道下顿在哪里。1988年,创始人张忠谋和刚刚上任的总经理戴克一起,通过私人交情将老朋友安迪·格鲁夫(时任英特尔公司董事长和CEO)请到台湾,对台积电开展认证,争取为英特尔代工产品。拿到英特尔的认证对于台积电来说至关重要,因为那意味着拿到了世界级的认证,是对其生产能力最好的背书。格鲁夫团队对台积电的考核并未放松,提出了200多个问题让台积电立刻改进。张忠谋以强悍的作风推动改进工作,坚持高标准、严要求和绝对世界观,最终拿下了认证和订单,同时也为企业建立起了规章制度上的国际化标准。

[2] 关于客户价值管理,这里再举好市多(Costco)公司的例子。这家美国著名商超,以贴近成本的低价格著称。在好市多内部,有两条硬性规定确保产品的低价和高质量:一条是所有商品的毛利率不得超过14%,一旦高过这个数字,就需要向CEO汇报,再经董事会批准(而事实上好市多将商品的平均毛利率控制在了7%左右);第二条就是,面对外部供应商,如果这家企业在别的地方定的价格比在好市多的还低,那么它的商品将永远不会再出现在好市多的货架上。还有,好市多的会员分为执行会员和非执行会员两种。执行会员要求每年交110美元的年费,有资格在一年内享受消费总额2%(最高750美元)的返现,以及一部分保险优惠;而非执行会员只需交55美元的年费,除了可以进场消费,还能额外带人进去。不论是执行会员还是非执行会员,都可以享受卖场的免费服务,例如免费安装轮胎、免费视力检查、镜架调整服务及免费停车。好市多承诺,顾客在缴纳会费后,任何时候对服务不满意决定退出,都将获得全额的会员费返款。好市多规定,除电脑、数码相机和投影仪等一些电子产品需要在购买后90天内进行退换外,其他商品没有退货期限。这也使得这家1983年开业,从不做商业宣传、没有公关团队的公司,已在全球7个国家开了750家分店,年收入超过1100亿美元。虽然比竞争对手沃尔玛晚出生20年,但好市多单店销售额却超越沃尔玛,达到1.7亿美元。

第一章　企业是一种战略性生长现象

企业主体的社会价值性这一内在规定性，但内含不够清晰，人们对其的理解也较为混乱，误解较多。这里把作为一种经营模式的客户导向或以客户为中心的经营的内含区分为：需求导向的产品开发、条件性问题解决导向的服务设计、客户为中心的运营与效率[①]、客户需求的有效组织[②]，见图 1-2。

```
技术 ↑
    ┌─────────────────────────┐
    │   需求导向的产品开发      │
    └─────────────────────────┘
    ┌─────────────────────────┐
    │ 条件性问题解决导向的服务设计 │
    └─────────────────────────┘
    ┌─────────────────────────┐
    │   客户为中心的运营与效率   │
    │              （数字化）    │
    └─────────────────────────┘
    ┌─────────────────────────┐
    │   客户需求的有效的组织    │
    └─────────────────────────┘
                          ↓ 管理
```

图 1-2　客户导向的经营的内含

[①] 数字化在这上面的价值尤为显著。

[②] 其中，"需求"，可能指一类需求，也可能是指目标群体中每个个体的个性化需求；"客户"，可能指一类客户，也可能是指其中的个体。这种经营模式并不是用规模化或定制化等维度来甄别的。

第二节 "战略性—生长"矩阵

一、"企业性"与解析

企业在作为社会系统的一个增值环节的同时，还要满足企业作为一个主体的自我的需要，否则，它依然不会存在，因为没有谁会去创建它。企业（家）需要成功，需要在竞争中存活下来，企业经营需要具有对实现自我的目的而言的有效性和效率性。这需要通过一种有效的自我选择和设计来实现。显然，企业是兼具增值属性和满足自我需要属性的一类物种。我把由这两种基本属性合二为一的那种属性，称为"企业性"。

我建立了一个抽象的模型，对企业这种存在进行表达——从实践的角度，如图1-3所示。我们需要确切地知道企业发展的真实含义，企业成功的关键因素到底是什么，卓越企业是怎样造就的；我们需要能对关于企业经营管理的所有现象，至少是已经发生的现象，以及企业的盛衰成败和曲折反复做出有效解释。因为这不仅具有经营上的直接指导意义，还有管理基础方面的意义。我们总是需要确定企业经营和管理的正确的基本导向，并尽可能地消除不必要的无序性、盲目性和注定无效的行为。

企业，本质上是一种战略性生长现象。各企业是各自的战略性生长的内容、维度和模式。生长性对应的是企业的增值属性，战略性则是为了满足企业经营的自我的有效性和效率性的需要。简单来说，生长性是"为他"，战略性是"为己"。每个企业都是一个生长性与战略性（无战略也是一种战略性状态）的组合。企业的价值，根本上是由生长性和战略性决定的。生长性和战略性，是企业性的基本内含，也是企业这类主体的基本属性；生长和战略，是企业作为一个主体的关键性构成。用维珍集团创始人理查德·布兰森的话说就是：“商业并不只是做生意，商业是创造你所相信的东西——我指的是最成功的企业家”。

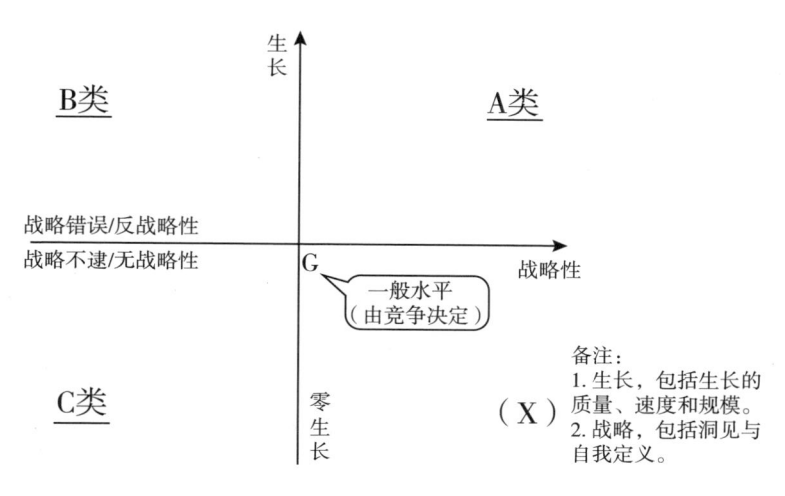

```
                    生
                    长
                    ↑
     B类            │            A类
                    │
                    │
  战略错误/反战略性   │
  ─────────────────┼─────────────────→ 战略性
  战略不逮/无战略性   G
                    │ ┌─────────┐
                    │ │ 一般水平 │
                    │ │(由竞争决定)│
                    │ └─────────┘
                    │                  备注：
     C类            零              （X）1. 生长，包括生长的
                    生                    质量、速度和规模。
                    长                 2. 战略，包括洞见与
                    │                     自我定义。
```

图1-3 "战略性—生长"矩阵

看不到事物的本质，有时候是因为我们还没有站到那个层次或维度。沿着生长性和战略性方向的发展，是成就卓越企业的基本路径[①]。战略性生长，是卓越企业之路，也是卓越企业之道。战略性生长是企业这类现象的实质，企业经营应抓住这种实质，而不是拘泥于任何的形式。把握了企业经营之道，就可以少走很多弯路。（卓越）企业经营之道本身其实很简单[②]，很多时候，是我们自己把事情弄复杂了。

全球最大的非上市家族企业美国科氏工业集团（Koch Industries）第二

---

① 举个例子：1974年，诺伊斯卸任，摩尔正式就任首席执行官，开启了英特尔公司腾飞的历程。摩尔十分注重技术的转化，消除英特尔研究实验室和制造部门之间的瓶颈，加快了新产品从实验室向工厂、向市场的转化。由于经营策略正确，再加上技术创新，这时的英特尔已经逐步确立了自己的巨人地位。1978年，在英特尔成立十周年的时候，员工达到了一万人。——资料来源于砺石商业评论。

② 当然，这并不是说要实现它是很容易的。

代掌门人、现任董事长和作为一名工程师的查尔斯·科赫[①]（Charles Koch）认为，经营公司的艺术可以浓缩成一些可衡量的精确规则。而我则坚信，企业经营可以被抽象成一个公式，输入某些参数就一定能得到那个结果。卓越企业的剧情都是一样的，只是各自的人物和具体内容不同而已。战略性和生长性，也是纷繁复杂的商业现象背后的决定性力量。企业是一个不确定性过程，但不确定的原因是确定的。

卓越的企业家是那些集洞见力与生长力于一身的人。领导者的主要功能是获得洞见和推动生长。生长性决定企业的边界，战略性决定将实际的企业边界圈设在哪里[②]。不具战略性生长功能的企业，已经不能再算作企业，而只是一些资产。企业是人类的一种作为，它不可能经由不作为而走向成功和卓越。生长力和洞见力，是企业背后的实力和竞争力。实践从来都是自然生长与人的理性的结合。

二、进一步说明

（1）生长指价值生长，包括意识的生长。意识是生长的结果，并反过来引导生长的方向。生长与意识发展是一体的，意识发展是完整意义上的生长的构成。意识是新事物的起点。洞见最初也是一个意识；相对于战略，生长性是更具基础意义和整体性的因素。生长，可能是新的东西的生发，也可能是现有东西的改进。企业也是一个价值演进系统。

[①] 他还创立了MBM管理模式（Market-Based Management，以市场为基础的管理模式）。这套管理模式由五个维度和十项指导原则等组成。五个维度为：愿景，品德和才能，知识流程，决策权，激励。十项指导原则为：创造价值，正直，变革（预见及鼓励变革，高瞻远瞩，挑战现状，通过试验性探索来推进以改进为目的的创新和破坏），有原则的企业家精神（以公司的风险管理理念为准绳，运用判断力、责任心、主动性，以经济学和严谨的思维能力及紧迫感，做出最大贡献），关注客户，善用知识，彼此尊重，实现自我，遵守法规，谦虚。我认为这些都正好是属于"企业性"的东西。

[②] 理论上，战略不应超出企业生长所能到达的边界；否则，是无效的，是战略制定错误。目标的正确性，还与我们能否将其实现有关。

最不具生长性的状态是一种零生长状态，包括在阶段性生长后停止生长的状态。即便是冠军企业，在停止生长后也会逐渐沦落为问题企业（从图1-3中第一象限的某个位置沦落到第三象限的某个位置），因为社会的基准生长水平是大于零的。生长性增强，则企业的价值和其在商业世界与产业生态中的位置不断上升；相反，则不断下降。

那些生长性低于社会一般水平的企业，理论上是在消耗社会财富而非创造社会财富，即其获配的资源并没有发挥本可以发挥的作用。对于那些缺乏生长性的企业，首先要解决的是它的生长性问题；如果解决不了，那最理智的做法就是将其处置掉。生长由生长的质量、速度和规模等构成。精益化是一种生长模式（即 $1.01^{365}=37.8$），迭代也是。关于生长的问题，下面会用专门的一章进行讨论，这里只是简单交代一下。

（2）战略发展模式有广义和狭义的两种含义。广义的战略发展模式即人为模式，是对自然方式的替代。本书中的战略，指的是狭义的战略，包含正确性和高水平的设计等内涵，即基于洞见的企业设计，也可以说是一种更有效的人为模式。战略，在这里被定义为超越一般水平的商业理性。

企业作为一个系统的框架是由战略和战略发展模式提供的。战略是企业作为一个过程的统领，战略的正确性至关重要[①]。战略的正确性来自洞见[②]。战略本身是关于企业的自我设计，自我设计的核心是自我定义，自我定义也是对自我的明确。自我明确以后，自我设计就仅是一个逻辑性和现实性的问题了。作为战略的自我设计的边界是不确定的，可能很总体，也可能延伸到诸

---

① 正如乔布斯所说：如果你在最高层面做了正确的事情，底端的一切就会随之而来。这句话的意思是，如果你有正确的战略，有优秀的人才，有正确的企业文化，那么你就可以做出好的产品、好的营销，在生产与分销上做得很有条理。如果你将这些事情都做得很好，那么结果自然水到渠成。

② 例如Google公司初创时，业界对互联网搜索功能的理解是：某个关键词在一个文档中出现的频率越高，该文档在搜索结果中的排列位置就要越显著。而布林则另有高见，他认为，决定文档在搜索结果中排列位置的因素是一个文档在其他网页中出现的频率和这些网页的可信度，网页在受众中的知名度和质量是决定性因素。事实证明，布林是正确的。

如核心和关键部分的更具体的设计等，即根据企业的战略设计能力而定。战略性，首先要保证它的正确性，然后是自我设计的有效性和水平的高低。战略不完全是管理，即不仅是一种设计，还有它的资源性成分——洞见。战略性，是以洞见性和自我设计水平来评价的。

战略需要建立在一个可信的基点上。关于这一点，贝索斯在2012年中国投资人大会上给出了清楚的解释：我常被问一个问题，"在接下来的10年里，会有什么样的变化"，但我很少被问到"在接下来的10年里，什么是不变的"。我认为第二个问题比第一个问题更加重要，因为你需要将你的战略建立在不变的事物上。在亚马逊的零售业务中，我们知道消费者想要价格更低的产品，10年后仍然如此。他们想要更快的物流，更多的选择。很难想象，会有顾客在10年后跑来和我说：Jeff，我喜欢亚马逊，但你们的价格能不能贵一点，或者到货时间再慢一点。所以我们将精力放到这些不变的事物上，我们知道现在在上面投入的精力，会在10年里和10年后持续不断地让我们获益。当你发现了一个对的事情，甚至10年后依然如此，那么它就值得你将大量的精力倾注于此。关于云计算，方向也很直接。对我来说，我很难想象10年后，有人会和我说"我喜欢AWS，但希望它稍微不那么值得信赖"，或者"我喜欢AWS，但希望它价格高一点"，或者"我喜欢AWS，但希望你能慢一点改造和提高API"。

洞见，是对真相的洞察，是超越一般的认知（否则，不具价值性），是一种深刻的认知——唯深刻性才能产生卓越，世上没有不深刻的卓越。洞见可为企业确定一个有效的目标；更高层次的目标牵引，也是对生长空间的拓展；洞见本身即是一种发展力。洞见是一类商业资源和发展要素。洞见是一种先知先觉，洞见带来领先，而战略领先者才有更好的机会，包括获得人才、客户愿意给你试错的机会、建立先发优势和竞争壁垒等。错误的战略不如无战略（完全的自然生长状态）。

第一章 企业是一种战略性生长现象

战略要解决的是企业经营的有效性问题。这种解决，包括提供一种将内生能力与市场机会结合起来的方式，以及将对社会的增值性与自我的有效性结合起来的方式（实现对企业的两种属性的统一）。战略性，是一种叠加在生长过程上的理性。战略性的反面是反战略性、战略失误、战略不逮和无战略性。如果延伸一下，战略管理还可以包括对战略实现[①]与过程的管理。

（3）"G"标识的是一般水平（the general level），即战略性生长的一般水平及企业经营管理的一般水平。这个点最初代表的是自然经济水平，企业是从对自然经济模式的替代开始的；后来，这个点的位置则是由竞争决定的。封闭型经济体中的这个一般水平要低于开放型经济体中的一般水平，这是显而易见的。全球化给企业带来两个东西：一个是发展空间的扩大，另一个是对企业经营管理水平的要求的提高。市场竞争越激烈，这个一般水平的值也越高，企业应对竞争的任务也越繁重。企业的战略和生长水平至少要越过这个基准线[②]。

自然竞争是一种机制，也是合理秩序形成的方式。阻断自然竞争将引发对价值秩序的扭曲，导致一种不合理的价值秩序的出现和存续。扭曲意味着天赋能量的净损耗。企业是属于市场的，市场和企业是一对组合，消灭了市场（包括竞争），也就消灭了企业。但竞争只是为企业的战略性生长水平划线，是对企业作为一种机制的维护，而并不是企业作为一类主体的目的和本质；竞争是企业必须要应对的，但企业本身却不是为竞争而存在的[③]。

[①] 我更倾向于用"战略实现"而不是"执行"的概念。"执行"的概念容易在观念上造成对战略过程中的创造与修正的排除和否定，它等于假设制定的战略是百分之百正确和完善的，"战略落地"的概念也有类似的问题。

[②] 企业也代表着一种价值水平。企业性也即人类的企业理性，它高于人类的自然理性。

[③] 从这个角度来讲，哈佛商学院教授迈克尔·波特（Michael E.Porter）的竞争战略思维根本就是跑偏了。波特的竞争战略，准确地说应该叫竞争"策略"（tactics），不能称为"战略"（strategy），应属对企业战略的基于竞争的调整和补充性设计。

战略性生长——该如何经营企业

竞争使这个基准点不断变动，企业总是需要为自己能在下一阶段的商业世界中争得一席之地而进行投资。竞争使企业必须自始至终保持其"企业性"和进取心，正如巴菲特所说的：是什么导致那些曾经伟大的公司走向没落？杀死它们的最大的原因就是自鸣得意；我想说的是，最重要的是不断保持危机意识；如果有人天天在后面追你，你要保持领先，就必须不断进步，然而，一旦你不求进取，那就危险了，这就是关键；当你每天能卖出18亿份时，也要想尽办法保持竞争力，就像你当初每天只能卖10份一样；危机意识会让你觉得明天比今天更残酷，你需要把危机意识渗透到整个组织内部。

（4）从战略性和生长这两个维度将企业分为三类：A类、B类和C类。处在第四象限的企业是不存在的（用"X"表示，见图1-3），即可能不存在战略水平很高而生长性很差的企业。A类企业即卓越企业。卓越企业是那些在生长性和战略水平上更胜一筹的企业，是企业群体中的佼佼者和最出色的一类，是一种"生长$^+$·战略$^+$"[①]组合。

B类企业和C类企业，也可以理解为企业群体中的问题企业。B类企业是一种"生长$^+$·战略^0"组合或"生长$^+$·战略$^-$"组合；C类企业是一种"生长$^-$·战略$^-$"组合或"生长$^-$·战略^0"组合。无战略性与自然生长的组合，即自然发展状态。A态、B态和C态，也可能是企业的阶段性状态；一个企业的完整生命过程可能是A态、B态、C态的某种组合，很少有企业能一直处在A类状态。

战略性生长的另一方面是知识的增长。企业也应是一个知识的"生产者"，卓越企业则是知识的卓越创造者。我们实际上可以得出每个企业的战略性生长指数（我又称之为"卓越指数"）。站在更高的维度，再度打量这个世界，就会发现，一切都运行得精准无误。

[①] 这里的上标"+""-"是相对于一般水平而言的，是指高于或低于一般水平；而"战略^0"中的上标表示"无"，不是指一般水平。

三、也弄清楚了管理的指向

企业管理，就是对企业真实经营过程的管理。管理的作用，在于使这一过程更具有效性和效率，别无其他——不具备这种价值和意义的管理，我们为什么要要它[①]？战略性生长，是企业的真谛；以实现战略性生长为目的，是管理的真谛。目的和指向，是人类行为的基本构成，企业管理是一种人类行为，有其特定的（而不是任意的）目的和指向。企业管理，也是我们实现这种目的和指向的手段。管理，甚至包括工作环境的设计[②]。例如皮克斯公司创始人之一埃德温·卡穆尔在 2016 年的一次访谈中谈论公司的餐厅时说：虽说外包是很平常的一件事，但在我们公司，餐厅员工是我们的雇员；他们不需要考虑盈亏，他们只在乎同事对餐食是否满意，所以我们的餐饮质量要比很多公司都好；我们的餐厅提供的餐饮是收费的，一旦免费，就会发出错误信号，贬低了餐厅工作人员的价值；每个人都很喜欢我们的主厨和厨员，员工幸福感也很高；我们不需要为了吃顿好的出去一个半小时，员工餐厅有一种特殊的社交氛围，甚至有偶遇的机会；不论对于我们，还是对于核心业务来说，都是很有意义的。

我们超越不了事物内在的结构。企业管理不能脱离或扭曲各个企业的这种过程。企业管理，还应追求狭义的战略之功，即走向以认知为基础的强导向性和功用性设计，而不是任意的一种人为，它是一种人为的、广义的企业的战略性行为，是企业之所以是人类实践的一种战略模式的东西。

在企业与管理这一组关系中，对企业的真相的考察，意义在于弄清楚了管理的对象和管理的根本指向。真正弄清楚管理的指向，将成为企业管理发展一个里程碑；在此之前，我们的管理实践都不过是一种因循、摸索、盲从

[①] 回答了"为什么要要管理"这个原本的问题，许多派生和延伸的问题就自然有了答案。
[②] 那些尚未纳入我们意识中的东西，并非是不重要或不相关的。

或自我表达。管理是对被管理者的能量态的干预，对企业而言，这种干预应有利于企业目的的实现。同时，也只有弄清楚管理的对象和目的，才能获得关于管理的完整内含，以及修正各种具体的管理行为——就事论事的正确性和站在更高层次上看的正确性是有偏差的。

  对于管理这种人类自创的活动而言，没有目的作为参照，我们就不能断言一种做法是对的还是错的。目的的清晰性和正确性至关重要，它是对一切进行"锚定"的标准。知道了企业的真相，也可以使我们在企业经营和管理上做极致模式的思考，以及在一些问题上做极致解决方案的思考——这种极致模式和方案即便还不能成为当下的现实，也可以作为方向和对照。锚定的意义还在于，可以避免我们在管理上的过度偏离，以及使管理的发展不断地向其目的的方向收敛。目的的明确也可以使我们直指目的和关键，去除任何多余和无效的管理行为，摆脱任何管理的形式上的束缚，可以使我们更有效地借鉴别人的经验，以及使用我们创造的许多的管理工具和方法，等等。

第三节　失去战略性和生长性，终将出局或陷入平庸

贝索斯说：Day Two 是什么样？我知道这个问题的答案。Day Two 公司会停止增长，然后失去竞争力，接下来是难以忍受的衰退，最后是死亡。

乔布斯说过：像 IBM 或微软这样的公司为什么会衰落？这样的公司（以前）干得很好，它们进行创新，成为或接近成为某个领域的垄断者，然后产品的质量就变得不那么重要了。这些公司开始重视优秀的销售人员，因为是他们改写了收入数字，而不是产品的工程师和设计师。因此销售人员最后成为公司的经营者。IBM 的埃克斯是聪明、善辩、非常棒的销售人员，但对产品一无所知。同样的事情也发生在施乐公司。做销售的人经营公司，做产品的人就不再那么重要，其中很多人就失去了创造的激情。斯卡利加入后，苹果公司就发生了这样的事情，那是我的失误。鲍尔默接管微软后也是这样，我认为只要鲍尔默还在掌舵，微软就不会有什么起色[1]。

无论是企业还是业务，一旦失去生长性和战略性，平庸和衰落就会接踵而至——竞争越激烈，接踵而至的速度越快。那些卓越的企业，它们之所以卓越，原因是相同的；后来它们之所以衰落，原因其实也是相同的——例子数不胜数，那些暗淡下来的，甚至从人们的视线中消失的明星企业，都有过这样一个过程。

曾经卓越，并不意味着永远卓越；一时陷入困境，也并不意味着不会再有咸鱼翻身。企业是随着它的战略性生长态的变化而盛衰起伏的。失去那种特质，再卓越的企业也会很快平庸下去。卓越，对许多企业而言，只是一

---

[1] 摘自中信出版社2011年出版的《史蒂夫·乔布斯传》（沃尔特·艾萨克森著）。

个阶段性状态。在本章第二节内容的基础上，我们其实已经可以得出这一点了。下面再举几个案例，以便大家在故事的氛围中进一步感知和确切地明白这个基本法则[①]。

其一：雅虎（Yahoo）[②]

作为互联网门户网站的先驱，在华纳兄弟公司的前高管特里·塞梅尔（Terry Semel）出任第二任首席执行官（CEO）之后，雅虎这家公司开始朝着媒体公司的方向迈进。塞梅尔的目标是通过收费服务获取更多的营收，其中就包括每个问题收取14.95美元的占星术热线服务。此外，雅虎还停止了对搜索业务的投入。

就在这个时候，另外一对斯坦福大学的研究生开发出了被命名为"谷歌"的搜索引擎，雅虎在2000年开始采用谷歌公司的搜索技术来支持搜索服务，并在自己的搜索框上挂上了谷歌的标识。到了2002年，谷歌已成为全球顶级的搜索引擎。该公司对互联网商业的更大影响力，也让其营收迅速增加。塞梅尔随即转变了战略，雅虎在2004年斥资19亿美元收购了两家搜索技术公司，并开始使用自己的搜索技术。不过这时雅虎已无力追赶谷歌。到2007年塞梅尔离职时，谷歌的营收已经是雅虎70亿美元年营收的两倍多。

塞梅尔在任时还错过了另一笔收购交易，这笔交易能够让雅虎获得社交网络资产及年轻的受众群体。2006年，雅虎曾考虑以10亿美元的价格收购脸书（Facebook），但双方又一次因无法在价格上达成一致而放弃交易。

雅虎创始人之一杨致远在塞梅尔之后重新出山，并担任雅虎CEO。他曾

[①] 这些案例有人可能已经看过了，但可能不是站在追求真相的维度上的审视，不是站在更高层次上的观察，看到的是一些具象。任何企业的故事中都内含着企业兴衰成败的原因，如果我们把企业的故事仅当作故事听，那就太可惜了，会错失现象昭示的真理——这也是现象可以带给我们的更大的价值。

[②] 根据腾讯网2016年7月25日发布的文章《雅虎的失败并非一朝一夕　10多年前就已决定命运》整理。

发誓要对雅虎进行彻底的调整,称"没有什么神圣而不可侵犯的事物"。在2008年举办的华尔街日报数字大会上,杨致远曾被要求定义雅虎,但他却很难给出一个简单的回答。他当时说:"我认为雅虎是,我们必须对消费者保持令人难以置信的相关和意义。我们已围绕着一个起点做出了定义。我们希望你们每天的生活从雅虎开始。"当年11月,杨致远宣布辞职。

杨致远的继任者、欧特克公司(Autodesk)前CEO卡罗尔·巴茨(Carol Bartz)又带领着雅虎重返媒体领域。她对新闻、体育、财经进行投资,并聘用了众多的记者,收购了一家制造廉价的可点击内容的公司。因为高管的不断离职及营收的长期下滑,巴茨在2011年9月被雅虎董事会解雇。

2012年7月,雅虎再度更换CEO,来自谷歌公司的玛丽莎·梅耶尔(Marissa Mayer)就任第五任CEO。梅耶尔致力于改进电子邮件和图片分享网站Flickr等产品,并加大了对移动应用、在线视频、搜索等业务的投入;为了给雅虎注入新鲜血液,梅耶尔还花费超过20亿美元收购了50多家初创公司。但梅耶尔也难以定义雅虎,她曾经说过,无论在线搜索还是查阅电子邮件,雅虎应当成为人们日常习惯的核心。这一战略并未能阻止雅虎公司人才的流失和营收的下滑。不过它讲述了一个关于雅虎的真理:它仍然是一个模糊的互联网门户。

2017年6月13日,美国电信巨头威瑞森通讯公司宣布已经完成对雅虎核心互联网业务的收购,最终收购价格为44.8亿美元。雅虎作为独立品牌将正式退出历史舞台。成立于1995年3月的雅虎是全球第一家提供互联网导航服务的网站。雅虎旗下Yahoo邮箱、Flickr照片平台、雅虎新闻、搜索等产品曾为用户所熟知,估值一度达到1250亿美元。仅20多年的时间,雅虎就由上千亿美元市值的巅峰,迅速崩塌滑落下来,最终收购价尚不足巅峰期的零头。

战略性生长——该如何经营企业

其二：惠普（HP）[①]

在创始人比尔·休利特（Bill Hewlett）和戴维·帕卡德（David Packard）相继去世后，惠普公司这家硅谷巨人开始逐渐走上迷途。尽管曾有基于创新谋求发展的传统，如今惠普却深陷于低增长的个人电脑市场，与竞争对手相比也无甚特色，其市值在过去两年内跌去约60%。惠普正走在DEC、王安电脑（Wang）、Lanier、Gateway电脑、太阳微系统（Sun Microsystems）和硅谷图形公司（Silicon Graphics）的老路上。

1999年7月，卡莉·菲奥莉娜（Carly Fiorina）接任惠普CEO。从2001年9月4日惠普以250亿美元收购对手康柏电脑公司，改变公司发展方向，进入竞争激烈的个人电脑市场以来，菲奥莉娜把一家长于创新和新产品研发的公司，转变成了最落后的工业时代的企业。她没有让惠普追逐新科技与新产品，以开辟新兴市场——惠普自创立以来就是这么做的，比如缔造了电子测试设备的市场，相反，她使惠普杀入了毫无特色可言的制造大战。为发展个人电脑业务，菲奥莉娜女士放弃了研发工作，转而采用微软、英特尔和其他公司的研发成果，同时将管理资源与资金用于成本控制。

在个人电脑市场，惠普陷入了与戴尔、联想和其他公司的角斗，争相制造更便宜、更没有特色的机器。这一战略完全基于靠扩大销量来增加利润的理念，而在这个亚洲供应商泛滥的时代，任何人给他们打一通电话就可以获得大规模产能。惠普的大部分业务不是落伍于时代，就是增长缓慢。打印机与墨盒部门是惠普最大的部门，但它仍依赖于1984年所开发的产品。个人计算机业务干脆就停止了增长，甚至连保持收支平衡都很困难。软件和服务业务虽然在增长，但是它们在惠普的营收中仅占17%。

很快，惠普董事会意识到这是个竞争极为残酷的业务，需要的主要是管

[①] 根据Adam Hartung 2012年5月31日发表于福布斯中文网的《梅格·惠特曼无法拯救深陷困境的惠普》一文整理。

理供应链的技巧，因此他们甩掉菲奥莉娜女士，改聘了赫德（Hurd）先生。赫德将推行工业时代策略的能力在惠普公司发挥得淋漓尽致，显著削减了研发、新产品开发、市场与销售费用，并全力控制供应链成本，争取与制造业中的戴尔和零售业中的沃尔玛媲美。不幸的是，菲奥莉娜成为惠普掌门人之前，这套战略就已经过时，赫德先生所做的一切只不过是削减短期成本，使利润水平暂时提高，却完全牺牲掉了通过开辟新市场，而创造长期高利润业务的机会。到他被迫离开之时，惠普已没有发展方向可言，其个人电脑业务的兴衰掌握在供应商手中，基于个人电脑的打印机业务则在衰落。这两大市场都是市场总体趋势——从个人电脑转向移动设备的受害者，而惠普在移动领域什么都没有。

惠普对过时的工业时代供应链制造战略的专注，也体现在其并购行动中。EDS曾是全球一流的IT服务公司，但随着IT服务市场转向外包，该公司陷入财务困境，惠普2008年出手收购，为此投入了近140亿美元。随后，惠普试图用EDS来巩固和拓展个人电脑产品的销量，可惜效果不佳。在IT服务业离岸外包与移动设备普及这两大全球趋势面前，EDS的增长速度化为乌有，被迫不断削减规模。

2009年，惠普又投入近30亿美元，收购了网络设备制造商3Com。可这时，市场已经开始转向移动设备和运营商，网络设备制造业形势非常严峻，就连市场领袖思科也举步维艰。由于惠普无力给其解决方案中加入任何创新元素，也不能缔造新兴市场，增长再次陷入停滞，利润消失殆尽。

2010年，惠普出资10亿美元收购了手持PDA（个人数字助理）——可无线连接互联网的智能手机的前身、市场的缔造者Palm公司。可这次收购同样归于惨败：Palm的WebOS产品迟迟不能推向市场，操作体验也不怎么样，在苹果和安卓厂商的优越解决方案面前毫无竞争力。工业时代的战略再次使惠普陷入长于供应链管理但缺乏创新的境地，被迫减计大量资产。

其三：索尼（SONY）[①]

日本索尼公司曾是市场缔造者和领导者。"二战"后，索尼采用德州仪器（Texas Instruments）发明的晶体管技术，制造出了大受欢迎的晶体管收音机，不久，这种产品便变得无处不在。在联合创始人盛田昭夫（Akio Morita）的领导下，索尼不断追求技术进步，公司领导层花费了无数的时间，从创新的角度来思考如何应用这些技术进步来改善人们的生活。热衷于创造新市场的索尼曾是"消费电子领域"的早期缔造者和领导者：

·索尼不断改进固态晶体管收音机，直到超越电子管的质量，使高质量的晶体管收音机变得非常可靠和廉价。

·索尼研发了固态晶体管电视机，取代了电子管，使电视机变得更加可靠、运转更好、能耗更少。

·索尼开发出了单枪三束彩色电视显像管，大幅提高了色彩的显示质量（电视曾经只有黑白色），诱使整整一代人争相购买。索尼还扩大了这种显像管的尺寸，制造出了更大的电视机，更加适合较大的住宅。

·索尼是录像带技术的早期开发者，并和贝塔麦克斯公司（Betamax）共同缔造了这个市场，但后来在录像带标准之争中败给了杰伟世公司（JVC）。

·索尼是研发摄像机的先驱，首次使父母（以及所有人）变成家庭电影制作者。

·索尼是研发独立移动娱乐设备的先驱，其创造的随身听首次使人们可以通过盒式录音带记录他们自己的音乐。

·索尼是研发音乐光盘的先驱，创造了便于携带的随身听 CD 机。

·索尼为我们带来了 Playstation，为玩家们带来了远比任天堂更令人兴奋的产品，并让"家用游戏"成为一个市场。

[①] 根据Adam Hartung 2012年4月24日发表于福布斯中文网的《别了伟大的索尼：饱受产业策略和MBA式领导层祸害的公司》一文整理。

第一章　企业是一种战略性生长现象

很少有公司能够拥有如此成功的一系列产品。有关索尼管理层会议的消息显示，该公司的管理人员把 85% 的时间用于技术、产品和新应用/市场，把 10% 的时间用于人力资源问题，把 5% 的时间用于财务管理。在盛田昭夫看来，业绩只是做好新产品研发和新市场开拓的结果而已，如果索尼做好了，业绩自然就会好。索尼以前的业绩确实很好。

20 世纪 80 年代，美国开始对索尼等公司在产品制造方面的绝对统治力感到惶恐不安。不仅是消费电子，还包括汽车、摩托车、厨房电器、钢铁等越来越多的市场。政治家们把日本竞争对手——比如大获成功的索尼，称为"日本有限公司"（Japan Inc.），并讨论强大的日本通商产业省（现在叫经济产业省）如何有效地分配资源来"打败"美国制造商。即便是在油价上涨使美国企业陷入困境的时候，日本制造商也能够把创新（通常源自美国）变成非常成功的廉价产品，从而扩大销售和利润。

后来，索尼哪里出错了呢？

首先是日本全国上下对产业经济的痴迷。20 世纪 50 年代，爱德华·戴明（W.Edward Deming）为日本确立了生产质量和优化方面的制度。通过结合工序改进和算术，戴明说服日本企业领袖专注于更好、更快和更廉价。这位美国公民利用战后日本对外国资本和外国市场的依赖，使日本制造业执迷于美国在 20 世纪 40 年代实行的工业化。

不幸的是，这种狭隘的执着使大多数日本企业领袖缺乏在其他所有领域进行研发或创新的能力。随着时间的推移，索尼渐渐变成了为制造而不是为开拓新市场而进行产品研发的牺牲品。

VAIO 笔记本电脑虽然非常出色，但几乎没有属于索尼自己的技术。结果呢？索尼陷入了与戴尔、惠普、联想和其他厂商的成本、价格、制造战，生产的是廉价电脑，而非激动人心的产品。索尼的产业策略显而易见，即专注于制造和产量，而不是努力研发独一无二的、远远优于竞争对手的新产品。

在手机领域，索尼与爱立信公司开展合作，并最终收购了后者。但索尼还是没有研发新的技术或采取新的举措来创造极其出色的手机（像苹果那样），而是寻求提高产量，希望制造更多的手机，在价格、外观、功能方面与诺基亚、摩托罗拉和三星展开竞争。由于在产品上或技术上缺乏进步，三星凭借非日本制造的更低价格，彻底打败了索尼的产业策略。

索尼推出蓝光格式，在家庭电影方面展开了新的竞争，但依然沿用的是产业策略，即如何销售蓝光录像机和播放器。怀着人们会采用蓝光的憧憬，索尼没有出售蓝光软件技术，而是保留了蓝光技术专利，这样就只有索尼才可以制造和销售蓝光产品（硬件），就像它在MP3领域里所做的那样。但在信息经济时代，这种做法没有受到消费者的欢迎，于是蓝光令索尼遭遇损失，对市场没有产生多大影响，就像现在已经消失了的索尼MP3产品线一样。

在索尼几乎所有的业务中，我们都可以看到这种产业策略。比如在电视机领域，索尼已经失去了单枪三束彩色显像管所带来的那种技术优势。在平板电视方面，索尼采取了墨守成规的产业策略，试图依靠产量和成本来进行竞争，但却令自己损失惨重。由于竞争对手来自劳动力和资金成本更低的国家，索尼的电视机业务在过去8年亏损了100亿美元以上。然而，索尼顽固不化，打算固守其产业策略，即使亏损更多钱也无所谓。

索尼的管理层为什么会采取这种策略？正如上文所述，盛田昭夫是创新者和新市场的缔造者。但是，盛田昭夫经历过"二战"，在戴明之前就形成了自己的企业管理方法。在盛田昭夫的领导下，索尼利用戴明及其美国同行提供的产业知识，使索尼的产品比旧有技术更具竞争力。以产品为主，同时用产业时代的策略来降低成本。

但在盛田昭夫之后，索尼的其他领导者像美国的MBA（工商管理硕士）出身的管理者一样，被训练成了产业策略的践行者。按照他们的思想，产品和新市场是第二位的，第一位的则是产量和生产。他们的基本信念是，如果索尼拥有足够多的产量和足够低的成本，那么索尼终会胜出，不需要任何创新。

到 2005 年，索尼让一位外国人管理公司，使这种策略达到了顶点。霍华德·斯金格（Howard Stringer）靠经营索尼美国分公司而成名。他把美国分公司的 3 万个岗位削减了 9000 个，这个举措成了产业策略的典型例子。在斯金格眼中，公司策略无关创新、技术、产品或新市场。索尼的产业策略就是把削减成本放在首位，其次才是产品。

斯金格把"现代的"MBA 们的方法带入索尼，最看重数据，尤其是财务预测。在 20 世纪 60 年代之后，索尼的领导层和管理层变成了 MBA 培训的模范。他们专注于狭窄的产品组合，努力提高产量，避开昂贵的新技术研发，希望利用其他人的技术来实现大规模制造，减少新产品的推出，以延长产品寿命、模具成本摊销和运转周期。他们热衷于压缩成本，不仅在会议上褒奖这种做法，还给予金钱奖励。

因此，在管理索尼的短暂任期内，斯金格将不会因为推出新产品而为人所知。相反，他会因为在一个历来采取终生雇佣制的公司启动两波裁员潮而被世人所牢记。如今，索尼的新任 CEO 为了表示对董事长斯金格的认同，已经暗示将通过新一轮裁员来应对目前的亏损。这次估计将裁员 1 万人，占员工总数的 6%。斯金格培养出来的新 CEO 平井一夫在公布前所未有的亏损时表示，索尼希望用产业策略来（以某种方法）拯救公司的繁荣之路。

根深蒂固的产业策略、专注于数字而不是市场的 MBA 式领导层，以及"我也是"的产品策略、技术创新匮乏及对削减成本的执着等使索尼变得乏味无趣。谁能忘记，索尼曾经是多么伟大的一家公司，它给我们的生活带来过多大的影响！看看它留给世人的东西，很难相信索尼连续 4 年未能盈利，2011 财年亏损 64 亿美元，比预期高出一倍，公司只剩下 15% 的资本作为股东权益（负债权益比率达 5.67 倍），市值只有 10 年前的 1/4！

其四：东芝（Toshiba）[①]

"二战"后的 1948 年，半导体在美国诞生，极大地精简了电路设计。运用照片技术，把硅原料点焊在照片标记的地方，这一方法促进了半导体的飞速发展，是一项跨时代的伟大发明。把庞大的电路嵌入几厘米见方的电子板，这项新技术的登场引发了电子设备的小型化。而 20 世纪 50 年代，日本制造的计算机体型巨大，内部线路密布。随着半导体技术的革新，电子计算机进入人们的日常生活，是引领高度信息化社会的尖端技术。世界半导体制造商以发现为目标，形成国际性竞争。

当时，在日本国内位列第四的东芝公司于 1982 年开始飞速发展。为了充分发挥综合电器制造企业的优势，东芝开始实施大胆的战略。为了在世界水平的竞争中获胜，制定了"W 计划"。拟定并实施该计划的是时任半导体部部长川西刚。

当时东芝公司的组织结构是，共分为从原材料到半导体的 8 个事业部门。经营首脑是负责承包公共事业的重点部门。半导体部门则入不敷出。在充分意识到风险的基础之上，半导体部门集中其他部门的盈利，在 3 年里筹集了 340 亿日元的巨额资金。

紧接着，川西刚开始对掌握技术开发关键的研究体制进行革新。一举引进 1500 名技术人员，从现有产品到 5 年以后的新技术，制定了把握短期和长期的研究体制。将资金和资源的重点转移到半导体部门，也激起了大家的干劲。

"W 计划"实施 3 年后便取得成效。东芝研制的 DRAM 这一存储半导体，达到当时世界最大容量 1MB。设计该半导体的是时属半导体团队的齐腾

[①] 资料来源：纪录片《重登顶峰，技术人员 20 年的战争》。

升三，35 岁的技术人员研制的 1MB 的 DRAM 是东芝第一个超越世界水准的半导体。DRAM 是电脑等设备不可少的存储半导体，通过键盘输入的信息均由 DRAM 存储。DRAM 的容量越大，电脑可同时处理的数据越大。DRAM 的容量为其他半导体的 4 倍，超越美国，成为世界领先技术。

接下来，东芝的技术人员又研制出了与 DRAM 性能不同的新型半导体。孕育新产品的母体正是名为 under the desk 的东芝特有的研究制度——这是使技术人员在公司分配的任务之外，在一定范围内进行自由研究的制度。利用这一制度，开发出世界上尚无人问津的半导体的是时任研发主任舛冈富士雄。

1987 年，舛冈富士雄发表了"NAND 型快闪式存储器（闪存）半导体原理"，脚踏实地地进行着研究开发，若能成功实现产品化的话，其将成为蕴含着异于 DRAM 的巨大市场的划时代半导体产品。当切断电脑电源时，DRAM 具有失去存储机能的特性，因此需要另外的硬盘等存储设备来保存数据。舛冈富士雄所发明的闪存半导体，拥有替代硬盘的功能，是即使切断电源也能保存数据的半导体。

先是超过美国产品的 1MB DRAM，接下来是具有无限潜能的快闪存储器，东芝充满活力。在"W 计划"实施后第 7 年（1989 年），东芝终于凭借存储用半导体的生产量登上了世界第一的宝座，并用事实证明日本技术能够战胜美国。

但是，在川西刚领导下形成的坚固团体也开始动摇。从变成被追赶的一方的那一刻起，技术人员被卷入了未曾想象过的时代漩涡中。20 世纪 80 年代后半期正值东芝全盛时期，传言开始在工厂内蔓延，最终发展到传言一部分技术人员投奔海外制造商，并将东芝的技术转手相让，技术者投奔的对象是韩国。

韩国和日本一样资源匮乏，他们举国致力于最先进技术的研发，在财阀公司的带领下，电器制造商相继参与 DRAM 的生产。仅数年后就开始进行半导体的生产，据说隐藏在这背后的是日本技术的流失。对此东芝采取紧急对策。铃木纮一是统管技术人员的总工程师，他在经营主管的命令下，对技术人员的护照进行检查。

1986 年，韩国制造商开始接触东芝时任事业部部长川西刚，通过东芝主管国际事务的专务，邀请川西刚去首尔一次。盛情邀请川西刚去韩国的是三星电子。这是一家追赶日本、急速提高 DRAM 技术的韩国大型半导体制造商。可是在川西刚到达首尔后，等待他的是令人眼花缭乱的贵宾式接待。三星向不知所措的川西刚提出了请求："我们正在建设半导体工厂，请您看看。"川西刚不怎么想看，担心看了他们的工厂会被要求参观东芝的工厂，但是拒绝又有失颜面，最后还是参观了。果不其然，之后三星要求参观东芝的工厂，无奈之下，作为回礼也让他们参观了。东芝准许他们参观了大分工厂。当时拥有最先进技术的大分工厂，有许多关于设备配置等的商业机密。

此后三星挖走了管辖生产线的生产部部长，建设了一个和大分工厂相同构造的工厂。对韩国制造商的赶超起决定作用的是 20 世纪 90 年代上半期，日本遭遇泡沫经济崩溃。由于消费者转为观望，东芝的家电产品滞销，公共事业也陷入低潮。结果可想而知，不可能在半导体上投资。

川西刚升任副社长，需要考虑公司整体的利益。此时的情况与实行"W 计划"时完全不同。半导体，比如存储器中的快闪存储器，不可能几天就能收回成本，而两三年以后还是有可能的，银行会将此当作风险对待。被当作风险的话，只能寻找风险更低的产品。缩减对半导体的投资，无暇顾及产品的长期开发，研发部门对 5 年后产品研发的技术人员进行了调配，这一数字在 1993 年达到了 200 人。

环境的急剧变化导致技术人员辞职，辞职的人里就有发明快闪存储器的舛冈富士雄。一方面在期待快闪存储器开创不同于 DRAM 的市场，另一方面却无法扩大销售为公司盈利，在资金周转恶化的同时，被上级建议停止半导体的生产、研发，此后还示意舛冈富士雄调离研究现场。1994年，舛冈富士雄决定以大学教授的身份继续自己的研究之路，于是向东芝提出辞职。企业追求眼前利益的理念与舛冈富士雄在承担风险的基础上进行长期研发才能研发出新技术的信念产生了矛盾。也有技术人员离开东芝去海外发展。

20世纪90年代，三星趁日本泡沫经济崩溃，持续对半导体进行大规模投资，一方面运用最先进的设备提高生产效率；一方面积极地"学习"日本技术——从日本挖来的技术人员超过了70人。被称作顾问的日本技术人员在家电、音响、半导体等各个部门，将日本企业积累的技术传授给韩国技术人员，报酬是在日本拿到的工资的3倍左右，外加相当丰厚的福利。

在此基础上，三星开始给每个顾问外派有关转移技术的任务，其广泛程度涉及日本制造商的研发体制、所使用的制造设备、以人力资源情报为基础的最新组织领导人等诸多方面。东芝的原职员被委派传授快闪存储技术。向苦于资金周转的东芝提出联合开发，其真意在于获取东芝的技术。顾问来东芝，向经营主管提出联合开发。对于当时的东芝来说，快闪存储器无法带来利益，遂接受了提案。当时研发NAND快闪存储器者迫切呼吁不要将自己的技术拱手让人，但同时又想增加技术伙伴。至此，独自生产快闪存储器的东芝期待着借助联合开发，降低制造装置和原料的价格。此外，若几家企业共同生产，曾经担心被单一企业控制的公司也会开始采购，从而可一举拓展销售市场。东芝同意了三星的提案，转让公司独立研发的技术，获取专利费。

正如东芝所期望的，联合开发使快闪存储器价格下降，也扩大了销售市场，东芝的销售额一度达到了三星的1.7倍。但在那之后，拥有雄厚资金的三星急速扩大生产体制，反而在市场占有率上占优。1993年，东芝存储用半导体的生产量被三星超越，将世界第一拱手让人。进一步打击东芝的是，主要产品DRAM半导体价格暴跌。由于韩国和中国台湾制造商的加入，在1MB

战略性生长——该如何经营企业

DRAM 基础上研发的 16MB DRAM 价格急剧下跌为之前的 1/25，之后，即使投入性能更好的产品，价格也会立刻下跌。这对于生产成本较高的日本来说，极为不利。2001 年，由于 DRAM 的价格低于成本，出现了大规模赤字，东芝遂就此做出决断，将以 2002 年 7 月末为界，停止生产销售通用 DRAM。

实行"W 计划"后的第 19 年，东芝宣布退出 DRAM 技术舞台。1994 年曾就职于东芝的川西刚认为，东芝在半导体上的失败，不仅受到投资、技术转移的影响，还由于未能找到逃脱逆境的方法；他认为，反而是未来的梦想、希望之类的影响重大，实在是很后悔，没能给予人们梦想，呼吁人们为未来而压缩工资，比说怎样做都没有未来更好上不知道多少倍，给予人们梦想是成为经营者的资质之一，然而东芝却并未具备。东芝从 DRAM 领域撤出后的第 4 年，快闪存储器逐渐主宰了存储半导体激烈的国际竞争舞台。手机中使用的小型存储卡就是快闪存储器，其还被作为热门商品数码音频播放器的存储设备，占有市场份额最多的就是三星。

而发明快闪存储器的富士雄对这个过程的注释是：始终坚持创新才能创造利益，日本如果不在技术上取胜就谈不上国力和其他各方面；在技术问题上，总是少数人正确，这是由于大部分人不能理解，大部分人都认同的话，技术就不新鲜，也没有原创性，有闲暇顾及其他企业动向的经营者是不适合半导体产业的，没有下一步制胜的战略的话，现在做什么都没有意义。

第二章 没有生长，一切都无从谈起

第一节　长出苹果，才会有苹果

一、都是源于生长

站在起点上看，一切的一切，都是生长的结果。没有生长，就没有蒸汽机、电脑、鼠标、液晶显示器、手机、移动支付、网络购物、洗衣机、复印机、现代车床、发电机、无线电、粮食收割机、电子游戏、红茶、二极管、集成电路、太阳能热水器、现代轮船、电灯、留声机、微波炉、电熨斗、饮水机、轧棉机、安全气囊、机器人、面膜、飞机、风扇、CD机、冰箱、胶片、陶瓷、晶体管、B超、胃镜、CT、门户网站、空调、互联网、App Store、电子银行、电子商务、C语言、Android系统、Windows系统、iOS系统、Office软件、CAD软件、IC卡、AI、工业软件、云服务、元宇宙、汽车玻璃、日光灯、财务软件、搜索引擎、微信、塑料、尼龙、透明胶带、磁条卡、信用卡、核电站、柴油发动机、汽车、红酒、游艇、摩托车、TNT、三轮车、化肥、化学农药、除草剂、席梦思床垫、电磁炉、洗涤剂、手枪、X光机、壁挂炉、耳机、阿司匹林、扬声器、电子手表、净水器、疫苗、半导体、合金、唱片、磁带、音箱、自动机枪、光纤、电梯、火车、饮料、速溶咖啡、婴儿奶粉、高跟鞋、丝袜、电视、青霉素、缝纫机、抽水马桶、汉堡包、吸尘器、饲料、放大镜、不锈钢、航空母舰、水泥、打火机、照相机、摄像机、电动车、煤气灶、钢笔、助听器、拖拉机、吹风机、显微镜、望远镜、伽马刀、高铁、电饭煲、方便面、二维码、铅笔、沙发、眼镜、插座、羽绒服、助听器、打字机、电话、无人机、快闪存储器、超市、电影、动画、速溶咖啡、巧克力、口香糖、便利贴、油漆、涂料、遥控器、荧光灯、LED、印刷机、合成橡胶、光刻机、光刻胶、真空蒸镀机、流水线生产方式、债券、信用证、股票、数据库、芯片；就没有各种应用、服务和商业模式；就没有这整个的背后的知识体系，等等。企业参与了这种过程，并使得这种生长更具丰富性、规模和效率，更具广度和深度。换个角度，我们看到的是这类过程又越来越企业化——企业越来越显示出它在这上面的优势。

同时，企业本身及其阶段性状况，作为一种结果，归根到底也都是"生长"出来的。正如贝索斯所说："当有人来恭喜我说亚马逊这季度的表现很好时，我会说谢谢，但心里想的其实是，那些季度财报结果，其实是来自三年前的准备。"也正如 2008 年开始任罗氏公司（Roche Group）CEO 的塞维林·施万（Severin Schwan）所说："回顾罗氏的百年发展历程就会发现，我们所有的辉煌时刻都离不开突破性创新发明。"生长，包括创新和改进。同时，由于生长及影响生长性的因素（例如人）的变化具有不确定性，因此，对任何企业而言，我们其实都无法从它的起点状态看到它的终点状态[1]。

没有哪一家企业能凭空获得成功，更不要说卓越和伟大了。任何企业都是从一个微小的起点开始的（或者说，都是可以追溯到这样一个起点的），生长是其唯一的崛起和继续生存之路。全球最大的光刻机制造商阿斯麦（ASML）在

---

[1] 所以，我认为关于企业经营管理的一个正确的做法是：将自身的生长性发挥到极致，而不是在对那种结果的设计上特别用力，因为只有前者才是有实际意义的，而后者还容易造成误导、自我局限和评价标准错误等诸多问题。而现实中，很多人在这方面的观念恰恰是相反的，他们更热衷于所谓的目标或战略的设计、规划和管理。

1984年刚成立时（是荷兰一家名为ASM International的小公司与飞利浦公司的股权对半的合资公司），地位类似童养媳，飞利浦公司没有拨付经费，甚至不提供办公室，阿斯麦的31个员工就在飞利浦大厦外的简易木棚房办公（见图2-1）。

图 2-1　阿斯麦刚成立时的办公地（飞利浦大厦前紧挨垃圾桶的简易木棚房）
图片来源：阿斯麦公司官网。

图2-2则是苹果公司在1976年7月发布的第一款产品Apple Ⅰ的样子。现在看上去非常简陋。但就是在类似这样的起点上，苹果经不断生长，成为一个市值触及2.6万亿美元（2021年9月15日）的企业。

图 2-2　苹果的第一款产品 Apple Ⅰ
图片来源：牛华网。

战略性生长——该如何经营企业

而比较传统的，如美国的科氏工业集团，在20世纪60年代主要做炼油、石油开采业务和运输业务。科氏运输业务的惯常做法是：自己建一条输油管道直通新油田，一旦有原油产出，这条管道也能同时给公司带来收益。随着原油产量的提高，石油库存经常偏高，于是科氏又开始进入原油贸易业务。1970年，科氏集团打入液化气采集、分馏及贸易领域，最终成为美国该领域最大的公司。后来，科氏又利用液化气方面的开发能力，开展了天然气采集、运输、加工和贸易业务。再往后，气体业务和其他相关业务能力又让科氏开拓了氮肥业务，科氏氮肥公司很快成为一家重要的化肥生产、经销、营销和贸易跨国公司。为了拓展商品交易而开发出的定量分析能力和风险管理能力，又让科氏开拓了自己的金融业务等，其目前已成长为全球最大的非上市公司。

每一家企业都有一个关于生长的故事。什么时候生长停止了，企业也就开始走上衰亡的历程。用贝索斯的话解释就是：我们必须能够承担风险，并且迅速反应与创新，快速地尝试新事物，这是迈向未来的最好战略，也为探索未来创造了可能——如果你不探索未来的可能性，未来将把你吞噬，绝对不要因循苟且。用葛兰素史克公司（GSK）前全球CEO让·皮埃尔·加尼埃的话（2006年）解释就是：永远重视研发——在谈到如何应对挑战时，"研发！研发！研发！"这个稳重的法国人一口气说了三遍。如果说优势是建立在知识的基础之上，那一定是建立在私有知识之上，而不能是公共知识，因为公共知识不可能带来优势[①]。

摧毁了一家企业的生长性，就是从根本上摧毁了这家企业；很多企业死了，是因为它们在若干年前就已经死了。失去生长力的企业，就像是进入暮年的个人。如果非要给生长和战略性再排排队，则生长性第一，战略性第

---

① 进而，任何用钱买来的竞争力，都不是你的竞争力。

二。企业应该在生长上持续不断地投入，同时，有些生长事实上也是需要长期投入的①。长期的投入和专注更有可能创造出私有知识的"复杂性壁垒"和"深度壁垒"。

因此，在对企业的目标管理上，应该设下限而不设上限，就像贝索斯所说的那样："作为亚马逊的领导，我的其中一项工作就是鼓励人们更大胆。人们喜欢专注于尚未成功的事情，这没关系，这是人之常情，有时是非常有用的。但要让人们大胆去押注，是一件特别难的事情，我必须鼓励人们去做。"生长也总是可能的。世界总是会有下一章，但这下一章将由谁创造出来却是不确定的。每家企业都需要不断突破自身的边界——当然，前提是要有可以实现这种突破的人、引导程序和机制等。

生长力是创造企业这一过程的实际力量②，生长产生企业的硬实力。策略可以模仿，但硬实力不能。企业的地位，是由实力而非策略奠定的。策略性是需要的，但那不是问题的关键。随着竞争的加剧，企业将日益走向硬实力的比拼③。促进生长是适用所有企业的基础战略，是企业经营。业务战略只是企业的小战略。以国家做比喻，企业经营是"谋国"，业务经营是"谋事"。

---

① 就企业经营而言，长期主义和专注其实是必需的。正如AMD公司现任CEO苏姿丰（2014年接任CEO一职，七年多时间里，AMD的市值从20亿美元涨到了2021年6月的超过1000亿美元）接受访谈时所陈述的："我们业务的一个特点是，你必须提前5年决定你想做什么，无论是关于市场、产品或技术，你必须对这些做出选择。在过去六七年我们真的专注于擅长的事情。尽管人人都有手机，我们不做手机业务也没关系，因为这不是我们的专长，同时也做了一些取舍，我们不制造芯片，而是专注于设计。事实是，就我们公司的规模而言，我们需要专注于我们能做到绝对最好的地方。"进而，这也需要社会对企业，以及企业对个人提供相应的、有保障的、长期性的激励。

② 约束力则来自竞争和复杂性，两种力量共同塑造了企业。这里引用奈飞公司CEO里德·哈斯廷斯的一段访谈做进一步说明：我们意识到，在受到竞争对手攻击时，我们应该后退，把核心业务做得更好，并且不要扩大自己的受攻击面。我们得到的一个重要的教训就是"专注"，所以，现在当人们说，你们不准备涉足新闻或体育领域吗？我们的反应是"绝对不会"，我们对这个答案信心十足。全球来看，电影和电视节目有巨大的市场，所以我们不太愿意去追逐某些有诱惑力的东西，或者去列一份清单做差异化，或者是其他事情。复盘过去，如果我们把满意度从98%提高到99.9%，我们就能获得更多的业务发展。

③ 私有知识日渐成为这种硬实力的基础和核心，私有知识的增长即企业的隐性生长。将企业经由投资购买而形成的硬件条件（如先进的生产设备）本身视为硬实力，是一个误区。

战略性生长——该如何经营企业

企业经营是更高层次的经营。只有业务战略的观念会使我们关于企业经营的战略观变得狭隘。企业战略包括主体战略和业务战略，是两者的叠加。

二、扼杀生长的后果是悲剧性的

企业尤其要警惕业务经营妨害企业进一步生长的现象发生，因为这种现象经常发生，甚至发生在那些曾经最成功的和最伟大的企业身上——这些企业多半不是没有生长力，而恰恰是生长力被扼杀了。有些行为，站在业务经营的层面上看可能是正确的，但站在企业经营的层面上看却又是错误的[1]。举三个例子：

其一[2]，早在2004年，诺基亚资深技术研发人员哈克兰在芬兰总部一个展会上向消费者演示了一款原型机，这款原型机的最大特征是具有互联网功能及可触控大显示屏。哈克兰相信，这款新型手机将会深化诺基亚在智能手机领域的固有优势。但是管理层选择了放弃，他们扼杀了它，因为顾及批量生产这种新型手机会有很大的风险。依托原有12格键位手机已经占领了智能手机市场的诺基亚放弃了哈克兰的创新。被一同放弃的，还有设计出来的在线应用商店。这项比苹果公司早3年的技术，并没有让诺基亚开拓出新的利润点，倒是3年后苹果公司的线上App获得了极大的成功。就在苹果的设计师们忙着研发大屏幕、3D效果、互联网接入技术、iOS系统的同时，每年有着高达40亿美元投入的诺基亚科研部门依旧固守着自己的12格键位设计和塞班系统。从2007年开始，诺基亚的每款新品几乎都是在跟随苹果iPhone的风向，诺基亚的科研人员再也没有研发出能够引领世界手机潮流的新技术。在苹果和谷歌的围追堵截下，诺基亚智能手机全球市场份额由2006年的72.8%降至2011年下

---

[1] 因此，实现业务经营和企业经营的统一，是企业管理的一个重大课题；一个基本原则是，不能将一个作为主体的企业局限成一个作为业务体的企业。

[2] 资料来源：考试资料网。

半年的 15.2% 和 2013 年的 5%，其"全球智能手机销量第一"的桂冠被苹果轻松摘走。2011 年 11 月 26 日，诺基亚在法兰克福证券交易所申请退市。

其二[1]，在扼杀创新萌芽上，除了官僚主义和内部消耗之外，微软对 Windows 和 Office 的重视也很有破坏性，任何产品都必须围绕这两个产品，否则就很可能被砍掉。在 1998 年的时候，微软已经有了一个电子书阅读器的原型，但是比尔·盖茨说这不是微软该做的事情。一位参与该计划的工程师说，比尔·盖茨不喜欢用户界面，因为它看起来不像 Windows。更糟糕的是，这个团队随后被整合为 Office 开发软件的团队。开发团队的一位创始人 Steve Stone 说："我们不能关注于开发对消费者有益的技术。"

对此，微软 Office 部门的一位前管理人员说，这个项目被砍掉的真正原因是触屏。Office 的设计是针对键盘的，而不是触控笔或者手指。在微软内部，对 Windows 和 Office 的忠诚妨碍了他们对新技术的热情。

"Windows 就是神——任何东西都需要配合 Windows，"Stone 告诉 Vanity Fair 的新特约编辑 Kurt Eichenwald，"至于在移动计算上实现比 PC 更加干净的用户体验，那个部门非常强力的人物视之为不重要的东西，他们设法杀死了这种努力。"即使在 Windows Phone 发布以后，微软对 Windows 的重视并未减轻，这持续影响了微软的操作系统开发和平板设计理念，正如鲍尔默所说，"在微软，没有什么比 Windows 更重要"，微软的未来是"Metro，Metro，Metro[2]，当然，Windows，Windows，Windows"。

其三[3]，柯达公司发明了数码摄影技术，但自己却错过了数码摄影领域的诸多发展机遇。在 1975 年发明了第一部数码相机的柯达工程师史蒂夫·萨

---

[1] 摘自艾媒网2012年7月10日发表的文章《微软为何错过移动互联网的发展》。
[2] Metro是微软在Windows Phone中正式引入的一种界面设计语言，也是Windows 8的主要界面显示风格。
[3] 摘自梅振家2012年1月20日发表的文章《柯达为何会走向破产》。

森（Steve Sasson）在描述公司对他此项发明的最初反应时如是说道："这非常好，但不要把这个东西告诉任何人。"就在柯达公司的研究人员扩大该技术的应用范围之际，该公司管理层却没能把数码摄影视为一种颠覆性技术，而这种"无能"持续了数十年之久。

为何柯达能拒绝接受数码技术这么久呢？请让我从头告诉大家文斯·巴拉巴讲述的发生在1981年的一段故事，当时他在柯达公司担任市场情报部负责人。在索尼推出第一部电子相机时，柯达最大的一家照片冲印零售商问他，他们是否应该对数码摄影予以关注。在柯达公司CEO的支持下，巴拉巴进行了一项非常全面的调查研究，对卤化银胶卷及数码摄影的核心技术及市场可能的采用曲线[①]（adoption curve）进行了一番研究比较。这项研究的结果既给柯达带来了好消息，也带来了坏消息。"坏"消息是，数码摄影有可能取代柯达现已建立起来的以胶卷为主的业务；"好"消息是，这种取代需要等上一段时间之后才会发生，而且柯达大约有10年的时间为这种过渡做准备。问题是，在其长达10年之久的"机会之窗"期间，柯达并没有为后来的颠覆性变化做好准备。事实上，柯达恰恰犯了其创始人乔治·伊士曼（George Eastman）以前曾两次避免的错误：第一次是他放弃了利润丰厚的干版业务而转向胶卷业务，第二次是他投资于彩色胶卷——即使当时彩色胶卷明显逊于黑白胶卷（柯达那时在黑白胶卷市场上占据主导地位）。

柯达并没有像伊士曼以前面对相关颠覆性技术时所表现的那样——为数码摄影最终取代胶卷做好准备，而是选择利用数码技术来提高胶卷质量。这一战略得以延续，尽管在1986年柯达公司的研究实验室研发出第一部百万像素级的数码相机，而这正是巴拉巴那项研究中预测独立数码摄影达到具备生存能力的临界点的里程碑之一。1989年，当柯达CEO科尔比·钱德勒

[①] 指随时间的推移采用新产品的用户人数变化曲线。

（Colby Chandler）退休时，该公司董事会曾有机会对发展路线进行调整。继任人选范围最后缩小到菲尔·桑佩尔（Phil Samper）及凯伊·惠特莫尔（Kay R. Whitmore）两人。惠特莫尔是传统胶卷业务的代表，他在这个领域摸爬滚打了30年。而桑佩尔相当欣赏数码技术。董事会最终选择了惠特莫尔。《纽约时报》当时如此写道："惠特莫尔表示，他将确保柯达的发展重心更加偏向该公司在胶卷与感光化学品领域的核心业务。"

又过了10年之后，柯达接连上任的几名新CEO相继抱怨前任未能把公司向数码技术转变，并纷纷宣称自己打算这样做，然而他们自己也都未能使公司成功转型。原摩托罗拉CEO乔治·费舍尔（George Fisher）于1993年被柯达挖来接替惠特莫尔，他在接受《纽约时报》采访期间做出的如下表述一语中的："把数码摄影技术视为敌人，视为会扼杀推动柯达销售及利润数十年之久、以化学品为基础的胶卷及相纸业务的一股巨大而邪恶的力量。"一度如日中天的柯达也因此最终走向了破产。

社会性系统的本质是规则，包括明确的和不明确的，合在一起构成人们观念中的规则体系。企业的演进，包括规则向更高层次的重建。企业需要在规则上[①]解决企业经营和业务经营的这种可能的冲突问题，至少应做到3M公司的"第十一诫：切勿随便扼杀任何新的构想"。

三、两点补充

其一，企业的生长，包括社会系统作为土壤的生长和企业系统作为土壤的生长。上移一个维度，就可以清楚地看到，企业家和企业是社会系统的产物。企业的完整生长过程包括两个阶段：从社会到企业的诞生和企业从初创开始的生长。而且，企业从初创开始的生长也总是与社会环境有关。也可以

---

① 尤其是在企业的治理结构和治理规定上。

说，从根本上来讲，企业是由社会环境造就的。

企业家的产生及其对企业的整体塑造显然与更高维度的系统态有关。创造适合企业家和企业产生与生长的社会环境，是社会及社会的现实管理主体——国家的功能。企业自身无法提供社会所能提供的环境支持，因为社会是一个更大的系统。以企业之力解决社会生态的问题，显然是不现实的，也是不应该的。企业，是社会系统中的一类私域。

作为企业生长土壤的社会系统的问题不是本书研究的内容，这里不对其做进一步的展开和讨论，但企业管理，应扩展到包括对社会系统的认知，以及对企业与社会系统的关系的管理。作为企业（家），不应该对这种更高级的系统力量视而不见。正如马斯克一直都认为只有到了美国才能实现自己改变世界的梦想，事实也证明，站在马斯克作为企业家和他创办的几家公司的角度看，他的这一认为和相应的行为，毫无疑问是对的和必要的。

其二，企业的"生长"更多地表现为一种"创造性生长"和创新。生长是繁荣的基础。而且，生长会创造出更多的生长的空间和可能性——正如一棵树，枝丫越多，可出芽的部位也越多。系统越复杂，价值性维度也越多，因此，商业世界会以加速的方式生长。

第二节　核心是产品、效率，及其背后的科技的发展

一、产品，产品，包括服务

企业的生长，各式各样。有意义的生长，是对客户而言的价值的生长。没有这种价值内容的企业，其管理上设计得再好也毫无意义。产品和效率是企业创造和提供给客户的基本价值形式，是企业对客户而言的价值的核心。服务，也可以理解为一种类型的产品。

马斯克说：抓住重点，别被噪音蒙蔽。许多公司无法看清重点，把钱花在无法改进产品的地方。以特斯拉为例，我们从不花钱做广告，我们将所有资金用于研发、制造和设计，尽力让汽车变得更好。我认为这是公司的应有运作方式。因此，对于任何公司来说，必须时时刻刻思考，人们花费精力所做的事，是否能使产品或服务变得更好。如果不能，立即停止这些尝试。

实际上我将差不多80%的时间都花在工程和设计上。像SpaceX，我的时间几乎都用在和团队一起进行改进"猎鹰"和"龙飞船"，发展外部移动建筑；在特斯拉，在设计室里，我有一周时间处理美学、外观和感觉，一周剩下的大部分时间都在工程方面——汽车本身以及工厂的工程。

确保无论你做什么，都是很棒的产品或服务。如果你是一家新公司，在新产业或新市场，如果这是一个未开发的市场，那在给产品或服务定较低标准时，就有话语权；但如果你进入的是已有市场，有强大的竞争对手，那你的产品或服务，就需要比他们的好得多，只好一点点并不够，因为如果你站在消费者的角度考虑，为什么要买你的产品，消费者总是倾向于更值得信赖的品牌，除非有很大的区别。

战略性生长——该如何经营企业

乔布斯说：有一个非常有趣的现象，日本公司从不宣传产品质量，他们从不在广告中大肆宣扬产品质量，美国公司很喜欢宣传产品质量，但如果你采访路人，哪国的产品质量最好，答案多半会是日本。为什么会这样呢？主要原因在于，消费者并不通过广告来评判产品质量，在他们心中，获得戴明奖或者布德里奇质量奖与产品真实质量并没有画等号。他们通过自己使用感受产品和服务，亲自体会产品的质量，你赢得再多的广告奖项或质量奖项都没有用，消费者对于这种宣传的记忆很短暂。所以我觉得产品和服务部门的重要性高于广告部门，我们应该从最基础的产品和服务做起。

乔布斯还说：公司是人类最神奇的发明之一，公司非常强大，但即便如此，我创建公司的唯一目的只是为了产品，公司只不过是手段[①]。

自从乔布斯2007年1月推出第一款iPhone以来，苹果公司逐渐成为全球最成功的企业，其市值更是在美国时间2022年1月3日触及3万亿美元——如果将这一数值与2020年全球各国的GDP进行对照，那么苹果公司的体量超过英国，仅次于德国，相当于世界第五大经济体。

Zoom公司创始人兼首席执行官袁征在一次访谈时也说过类似的话：如果客户对解决方案不满意，意味着你有机会，如果你能不断做一些事情，让用户享受使用产品的乐趣，我认为就能够建立一个非常好的可持续的业务。我们就是这样开始创业的，在头两年我们什么都没做，大概50个工程师，埋头研究产品，我们全心全意打造产品，我们坚信如果你能构建一个用户真正喜欢、比其他解决方案更好的产品，不管这个市场多么糟糕，你都有很大的机会，Zoom也证明了这一点。

1984年，思科公司在硅谷的圣何塞成立，创始人是斯坦福的一对教师夫妇——列昂纳德·波萨克（Leonard Bosack）和桑德拉·勒纳（Sandy

---

[①] 摘自中信出版社2016年出版的《成为乔布斯》（布伦特·施兰德、里克·特策利著）。

Lerner）。波萨克是斯坦福大学计算机系的计算机中心主任，勒纳是斯坦福大学商学院的计算机中心主任。他们设计了一种新型的联网设备，用于斯坦福校园网络（SUNet），将校园内不兼容的计算机局域网整合在一起，形成一个统一的网络。这种装置叫"多协议路由器"，它标志着联网时代的真正到来。而谷歌的崛起则源于佩奇和布林开发出一个具有革命性意义的搜索引擎 BackRub。

快速的产品创新与迭代几乎是卓越企业的标配。以 Facebook（社交网站）的早期为例，从 2004 年 2 月上线到 2012 年，Facebook 在 8 年里向全球推出了 70 多种语言版本。在简陋的第一个版本 the Facebook 后，马克·艾略特·扎克伯格（Mark Elliot Zuckerberg）和 Facebook 团队对其进行了不断的改进。在每一次的改进中，他们都确保这项服务仍易于使用。为了实现产品的创新，Facebook 甚至并未对其新特性进行"小组讨论"，而是只管推出新特性，在新特性受到强烈反对后再据此改动或取消。Facebook 的产品创新不仅体现在理念上，还体现在用户体验上，像涂鸦墙、向全社会开放的系统平台等都是其首创。由于 Facebook 提供了一个合作共赢的生态系统，第三方开发者可以从 Facebook 数据库中了解到用户的偏好，从而开发有针对性的产品，使好的应用产品被大范围分享，形成叠加效应。如 2008 年 8 月，公司发布 iOS 版本的 Facebook 应用程序。此后，公司又相继推出了 MAC 版本和 Android 版本。2009 年 6 月，Facebook 开发了与智能手机连接的上网功能，用户可以通过手机登录。2010 年 2 月 23 日，Facebook 的多个使用者同时参加同一活动的功能链接技术等被授予了系列专利。2010 年 11 月 15 日，Facebook 推出了新的 Facebook Messages 服务，集多种短信、邮件功能于一体，而且可以进行隐私设置。2011 年 2 月，Facebook 开发了日历功能。2011 年 4 月后，用户实现通过聊天和短信功能听到彼此的现场声音。2011 年 7 月 6 日，Facebook 与 Skype 搭档，发起了一对一的可视电话业务。在 2012 年首次公开募股（IPO）期间，Facebook也推出了自己的应用中心，而这个新的应用中心很有可能会为Facebook提供一种新的广告形式，这个广告会跟用户的应用下载和安装行为直接挂钩，也有利于发展Facebook的另一个业务——支付。

而像特斯拉，不仅电动车销量逐年攀升，随着软件功能越来越强大，软件服务也成了一个消费者愿意买单的新盈利点。以辅助驾驶功能为例，随着辅助驾驶功能的不断提升与完善，FSD软件包的解锁费用也越涨越高，从5000美元逐步增加，2019年5月增至6000美元，2019年11月增至7000美元，2020年6月增至8000美元，最新价格定为1万美元整。与零售价不足4万美元的Model 3对比（标准续航升级版价格为3.799万美元），买软件包的价钱已经占到车价的1/4[①]。

卓越的企业家，首先是一流的产品经理，如亨利·福特、麦克奈特、小沃森、乔布斯、盖茨、盛田昭夫、休利特、马斯克、扎克伯格、贝索斯、拉里·佩奇和布林，以及中国的马化腾（腾讯公司创始人）等。就像马化腾说自己：我对产品比较在行，我知道我要什么，怎么实现，我也想得比较通[②]。换个角度说则是，一流的产品经理，才有可能成为卓越的企业家。

二、效率是另一个维度的价值性生长

效率是另一极，或者说另一个维度[③]的价值性生长。卓越的企业家，还需要是优秀的效率工程师。企业的效率包括个人的效率和作为功能单元的组

[①] 资料来源：搜狐网。
[②] 摘自2016年20月23日财新网发表的文章《对话钱颖一　马化腾首谈创业经、领导力、成长史》。
[③] 另一维度的含义是，效率并不是一类独立的价值形式，而是要以产品为前提。没有好的产品作为前提的效率是无效的。比如现在把一个制造模拟手机的企业的效率提高到极致，它该倒闭还是倒闭，这是显而易见的。也因此，诸如信息化和数字化等效率工程，对企业而言，实际上并不具有多少战略和主体发展的意义。是数字化不足还是创新力不足？那些寄希望于通过数字化实现华丽转身的传统企业需要静下来思考一下这个问题。

织的效率，对应的是活动/工作效率和过程/系统效率，如图2-3所示。

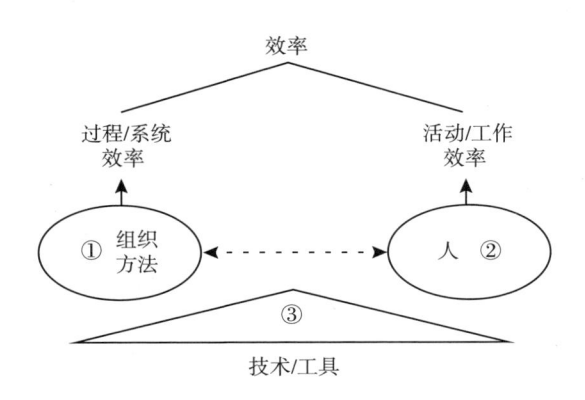

图2-3 效率的来源

过程效率[1]，如Zara将新款/品上线周期大大缩短，英特尔的戈登·摩尔加快了新产品从实验室向工厂、向市场的转化等；系统效率，包括多任务（或多项目）的综合效率。过程/系统效率主要与组织方法有关，如Zara的设计师主导的组织模式，摩尔消除英特尔研究实验室和制造部门之间的协作障碍等。活动/工作效率主要与承担活动的个人（或作为小集体的团队）有关。随着企业创造性、不明确和开口性的活动任务的增加，每个人的有效的和高效的工作正变得越来越重要，越来越关键。

关于效率，这里举一个麦当劳快餐厅的例子[2]。

20世纪40年代，美国流行的用餐方式是一种汽车餐厅。但汽车餐厅效率低下，平均上餐时间长达30分钟，由于汽车场面积大，服务员甚至要穿上溜冰鞋来提高效率。在用餐高峰期，工作强度很高，以至于抄错单、上错菜的事频频发生。而当时美国经济正处于高速发展的时期，快节奏的工作和生活使人们对就餐的效率和品质提出了更高的要求。

---

[1] 过程效率，也是一个不容易被注意到的效率领域。
[2] 作者根据公开资料整理。

战略性生长——该如何经营企业

1937年，麦当劳兄弟在洛杉矶东部的巴沙迪那（Pasadena）开始经营汽车餐厅时，那还是一个简陋的小餐厅，两兄弟自己煎热狗、调奶昔，准备一打左右有伞的椅子，并且自行带位，此外雇了3名汽车服务员负责招待停车场内车中的客人。

由于当时汽车餐厅整个行业的迅速发展，到了1940年，兄弟两人又在圣伯丁诺（San Bernardina）开了一家规模更大的汽车餐厅，餐厅占地600平方尺（仅为一般洛杉矶汽车餐厅的一小部分而已）。到40年代中期，餐厅已经扩大至可容纳125部汽车，并雇了20名服务员，菜单上提供25项产品，年营业额竟达到20万美元。

到1948年，麦当劳兄弟已经积累了相当的财富。与此同时，他们也感到一系列的压力：仿效者越来越多；由于汽车餐厅的模式使得餐厅食品价格低廉，但成本越来越高；快餐业是人力资源密集的行业，他们还要争取到服务员；餐具破损严重等。这一系列的压力迫使麦当劳兄弟做出了一系列的改革。

例如：生产线般的食品生产及服务方式，对食物的加工流程进行分解，对人员进行分工，并且严格了工作程序，把整个厨房弄得像工厂一样效率化，使得烹饪效率得到大幅提升，并有效地保证了食物的品质和口感；把代客点餐员开掉，换成速车道的运作模式，让客人直接开进来自助点餐，减少人事成本，也让客人快速取得餐点；放弃有些加工工艺复杂、耗时较长，并不适合快餐"快"的要求的产品，缩减菜单控制成本，将原来菜单上的25项食品减到9项，另外，考虑到餐厅85%的销售额来自汉堡、薯条、饮料，决定将销售的重点转向这三种畅销产品；用一次性的餐具替代原有餐具，这样就再也不必请洗碗工了；等等。

麦当劳的效率改革最终打磨出了一套30秒就能出餐的流程，并能降低产品价格。客人也越来越爱他们家便宜的15美分汉堡与好吃的10美分薯条。一系列的变革使得麦当劳更受欢迎，1951 年，这家小小的餐厅销售额高达到 27.7 万美元，较变革前增长了 40%，而到了 20 世纪 50 年代中期，麦当劳的收益高达每年 35 万美元。麦当劳的效率革命带来了高盈利，也奠定了其后来向全球扩张的基础。

三、还有科技，背后的科技

生长和优势的背后是科技，产品创新和效率提升都需要科技的支撑。企业所能取得的优势和达到的高度，是因为别人不能或达不到，而构成这种壁垒的主要因素是科技。如科氏工业集团兴起于其创始人弗雷德·科克发明了一种新技术（1925 年前后），改进了重油转汽油的热裂解工艺。

"二战"后到 20 世纪 90 年代初，摩托罗拉的红火是因为其在模拟无线通信方面有任何公司都无法比拟的技术优势，并且创造出多项"世界第一"。90 年代初，摩托罗拉在移动通信、数字信号处理和计算机处理器 3 个领域都是世界上技术最强的企业。更难能可贵的是，它的产品声誉极好。80 年代末，摩托罗拉对讲机就可以在钢铁包围的大货轮货舱里和岸上的同事通话，这是任何其他同类产品都做不到的。第一代移动通信是基于模拟信号的，天线技术和模拟信号处理技术的水平决定了产品的好坏。在技术方面，没有公司能挑战摩托罗拉。

而台积电公司则通过更快的技术进步甚至使英特尔[1]都在最近陷入了被动（见图 2-4）。台积电自 1987 年通过转让台湾工业技术研究院的 2 微米和 3.5 微米工艺技术创立公司[2]，一直秉持内部研发战略，并在当年为飞利浦定制了 3.0 微米工艺技术；1988 年，刚刚 1 岁的台积电就自研了 1.5 微米工艺

---

[1] 要知道英特尔公司的前 3 任 CEO 都是工程师出身，并把英特尔做成计算机和 IT 行业的"发动机"。其中罗伯特·诺伊斯还是集成电路的发明人之一，戈登·摩尔是"摩尔定律"的提出者。

[2] 资料来源：智通财经网。

技术；1999 年发布了世界上第一个 0.18 微米低功耗工艺技术；2003 年推出了当时业界领先的 0.13 微米低介质铜导线逻辑制程技术；2004 年全球首家采用浸没式光刻工艺生产 90 纳米芯片；2006 年量产 65 纳米工艺技术；2008 年量产 40 纳米工艺技术；2011 年全球首家推出 28 纳米通用工艺技术；2014 年全球首家量产 20 纳米工艺技术；2016 年底，台积电的 10 纳米工艺技术开始量产；2017 年，10 纳米工艺技术开始爬坡，到第四季度时收入占比已达到 25%；2018 年，台积电在财报中称成功地量产 7 纳米（N7）制程，并领先其他同行至少 1 年；2019 年 6 月，台积电成功量产 7 纳米加强版（N7+），这是业界首个商用极紫外光（EUV）制程。

CPU 制程工艺发展趋势（单位：纳米）

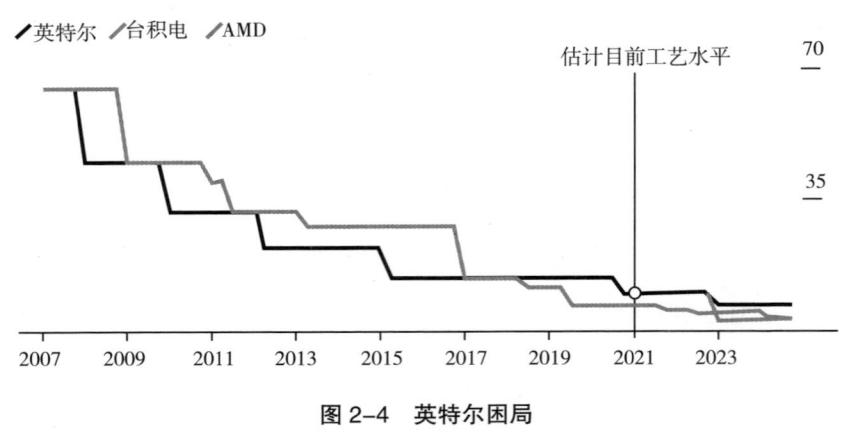

图 2-4 英特尔困局

其中，2014 年，为了有效加快 10 纳米先进制程研发速度，以及迎合研发生产线 24 小时不间断的作业需求，台积电内部甚至启动了疯狂的"夜鹰计划"，编排研发人员实施 24 小时三班轮值不停休的方式投入先进制程开发工作。参与人员底薪上调 30%，分红上调 50%。

科技不仅是产品的关键要素，也是效率的一个支撑，更是打开新价值领域的钥匙。每一项科技创新，都为我们开启了一个新的价值领域——蒸汽机技术、电气技术、信息技术、AI等都是如此。进而，人类社会也从主要基于自然资源的发展，走向了主要基于人类创造的知识资源的发展。人类社会的发展过程，亦是一个对系统基态的拓展过程，这种拓展是经由科技创新取得的。没有科技内容含量的创新，是一种低级的创新（如应用型创新、所谓的"集成创新"和熊彼特的"组合式"创新）。也可以根据产品的自有科技含量将企业区分为科技型公司和营销型公司。

技术还包括制造技术，这有时候会被人们忽略。正如马斯克所言：我认为目前制造被低估了，设计被高估了；人们通常认为，就像灵光一现，有了这个想法，事情就好了；但像这样的设计，在生产系统中简直是千分之一，甚至万分之一的工作量；比如我们设计"猛禽号"火箭发动机，与生产制造系统相比，开发制造系统远比设计困难10~100倍；相比于进入制造系统的工作量而言，设计的工作量可四舍五入为零。

在价值的基础上，企业通过设计其与市场（包括商业生态系统）的关系模式，或者说参与商业世界的方式，形成各自的商业模式，以实现最佳经营效果。不同企业的商业模式不相同，但它们成立的根本依据都在这里——产品、效率和科技优势。卓越的企业家亦是一群有商业思维的科学家和工程师。

第三节　不仅指内生生长

一、本应包括对外部生长的集成

实质性生长来自创新。罗氏公司前 CEO 塞维林·施万说：事实上，99%的创新都在罗氏的门墙之外问世。所以，企业要有内生生长，但不应局限于内生生长。对外部生长性主体、成果、要素和资源的获取和并购，是企业生长的一种方式。例如 1958 年，惠普公司进行了首次收购，买入高质图形记录仪生产厂商 F. L. Moseley 公司，进入绘图仪行业，也确立了后来打印业务的基础；而阿斯麦公司则在 2000 年、2013 年分别并购美国光刻机巨头硅谷光刻集团（SVGL）和美国准分子激光源企业 Cymer，打通了极紫外光刻机的生产产业链，等等。

企业生长是内生生长和并购的结合。像亚马逊公司那样，其组织能力似乎是没有边界的，从一开始的电商起家，然后到发展云业务，如今边界越来越广，做数字内容；其核心业务大部分都是自建的，在内部催生孵化，但也会通过收购来补充能力。像谷歌公司那样，虽然技术水平领先，但仍然在积极收购人工智能公司，收购数量甚至超过微软和 Facebook。像苹果公司那样，过去 6 年收购了近 100 家公司，平均 1 个月就会收购 1.38 个公司，等等。

收购并不一定意味着更高的生长成本。正像纳斯达克前 CEO 格雷菲尔德认为的[1]：一家成功的公司在竞争中击败了对手，并在市场上证明了自己，这已经足以说明很多问题；收购的时候虽然会额外花钱，但我们节省了自己

---

[1] 资料来源：搜狐网。

开发产品、建立客户基础、超越竞争对手所需要的时间和资源；除此之外，押注在一家经过检验的企业上，我们反而大幅降低了失败的风险。思科公司则发现，通常网络设备新一代产品研发的周期是18~24个月，收购可以赢得半年到1年时间，而"速度意味着销售收入、市场份额和利润"。

有些收购还是必需的，尤其是对人和团队的收购，企业不要总以为自己能够实现对收购对象的替代。从现有的结果上，有时候，我们并不能真正看出对象的主体能量和与众不同。例如2016年马化腾在一次对话中曾讲过这样一件事[①]：IDG曾经拉我们去见新浪等互联网公司，他们开始感兴趣，但都没看上我们；当时有新浪技术人员觉得这个软件他们一个月就可以做出来，不用收购。可新浪的技术人员终究还是没有做出腾讯的那些东西。

企业是一个集成的生长力系统，也应是一个生长力的集成系统。企业也是一个整合者——多层次的整合者。收购，只是企业对社会性资源的另一种集成方式而已。外部生长可以被视为企业的"前企业"环节，与社会中个人的生长对企业的意义并没有本质的区别。企业面对的是一个无限可能的世界和一个无限发展的未来，需要具有对各类生长性资源的开放性和集成方式。

新创企业是商业世界的生长性的重要构成，是某些企业的优质外部生长性资源。对这类主体的收购是基于生长性的收购的重点。例如思科公司认为，最秀色可餐的就是那些拥有最新技术、距离推出产品还有1年左右的小公司。思科利用这段时间把被收购公司的产品整合到思科的产品系列当中，既可充分利用思科品牌、销售力量和市场主导地位，又能将这种技术的优势发挥到极致。这种战略十分有效，使得它如旋风一般地占领了15个不同领域的市场。截至2001年7月，思科收购了61家公司，付出了几百亿美元的代价。而仅2000年，思科就以收购或换股并购的方式兼并了22家公司。

---

① 资料来源：亿邦动力。

而苹果公司现任 CEO 库克则表示，苹果对于任何规模的公司的并购都保持开放态度，但是更加关注小规模、创新型公司，他们的技术可以弥补苹果的产品，收购之后也有利于目标公司的发展。2021 年 2 月，库克表示在过去的 6 年时间里，苹果已经收购了大约 100 家新创公司。

收购应源于企业的收购需求，而不能为收购而收购。例如据 GlobalData 统计，2016—2020 年，苹果收购的 AI 公司是最多的。苹果大量收购 AI 公司，主要是为了完善自家产品体验。当然这些收购的目的也非常明确，比如收购 Inductiv 公司是为了给 Siri 提供数据支持；收购 Voysis 公司是为了支持 Siri 的自然语言处理；收购 PullString 公司，目的是方便开发者调用 Siri，PullString 的技术可以支持 Siri 与第三方 iOS 应用程序的整合。GlobalData 报告显示，2016—2020 年，苹果一共收购了 25 家人工智能公司，数量超过了埃森哲、谷歌、微软和 Facebook，在行业内排名第一。苹果已经陆续收购了 Emotient、Turi、Glimpse、RealFace、Shazam、SensoMotoric、Silk Labs、Drive.ai、Laserlike、SpectralEdge、Voysis、XNOR.ai 等公司，这些公司的目标都是通过 AI/机器学习功能改善其产品和服务。苹果公司的许多收购都旨在改善 Siri。

二、但内生生长永远是基础

但是，内生生长永远是基础，包括是对外并购的基础。完全靠并购发展和解决企业生长性问题的想法，是不成立的，也是不合逻辑的。完全靠并购，将导致悲剧性的结果。自身的能量态，决定企业可以在多大程度上利用外部的力量。一定是具有更高级能量态的主体收购其他主体，这种关系不能颠倒。正如只能是地球围绕太阳转，而不能让太阳围绕地球转一样。市场化的方式，是企业利用市场资源的一种方式，但不是任何主体都能使用的一种方式。以戴尔公司为例：

1984 年，19 岁的迈克尔·戴尔创立了戴尔公司（Dell）。在那个 PC 时代，戴尔公司可谓不折不扣的王者：作为世界500强企业，戴尔曾经是全球最大的电脑厂商，鼎盛时期的市值超过千亿美元，让无数对手不敢仰视。戴尔公司的崛起，来自PC时代直销模式的赋能。一把砍掉了中间的分销商和零售商环节，这其中能省下大约20%的成本，这种直销模式大获成功。2001—2005年，戴尔连续5年是全球最大的电脑公司，曾被美国《商业周刊》评为"全球年度100名的巨人企业"第一名，一时风头无两！直销模式成就了戴尔公司。戴尔高层管理者也曾经说过："我们的核心竞争力是直销，我们的管理风格是直销。"

除了直销模式，戴尔成功的原因还有一个：电脑组装，也就是中国俗称的"攒机"。不能说戴尔的"攒机"完全没有技术含量，戴尔的相关专利有550多项，但主要用于加强供应链管理，进而控制PC生产成本。换句话说，戴尔是一个电脑"集成商"，它的产品更新迭代主要依赖供应链的更新迭代，而自己的研发则微乎其微——戴尔每年的研发投入占销售额的比例不到2%。

随着互联网时代的到来，曾经成就了戴尔的直销模式迅速成为戴尔失败的根源：很明显，大家都习惯在网上购物了，守着直销还有什么用，而且你的产品还没有创新优势。缺乏核心技术和研发传统，戴尔在智能手机和移动互联网时代，就像一只庞大而笨拙的恐龙，错失行业转向平板计算机、智能手机、音乐播放器与游戏端的大潮，举足失措，进退维谷。戴尔曾经跟风推出的对标ipad、iphone的产品，却因为从软件到硬件毫无创新优势，个个惨淡收场，最长命的产品都没活过3年，完美错过了移动互联网时代。2015年，困境中的戴尔曾狂掷670亿美元并购存储器巨头易安信（EMC），豪赌云服务市场。然而收购后，两家公司整合过程中遭遇"肠梗阻"，面对亚马逊、谷歌等巨头毫无胜算。整合，需要整合者有整合的能力，包括主观上的能力和那种不对等的能量态。

第三章 战略发展让卓越企业脱颖而出

第一节 战略发展更高效

一、战略发展对企业的意义从来如此

战略发展与自然发展，从效果上看，不可同日而语。自然发展是缓慢的、杂乱的；战略发展是聚焦的、加速的。战略的正确性更重要，与战略性失误付出的代价相比，效率低一点真的不算什么；与方向错误而多走的弯路相比，速度慢一点真的不算什么；与洞见未来而获得的巨大发展空间和先发优势相比，成本高一点也真的不算什么；与错过一个真正的机遇相比，所有试验性探索带来的损失真的不算什么。目标是一种具有牵引力的东西，战略是对企业发展具有牵引性作用的管理。战略发展是对自然发展的修辑，企业的卓越（时期）都离不开战略发展。

企业应该有追求战略发展的意识。每家企业都应在洞见发展，以及更有效的自我定义与设计上进行投入。商业世界是一个无限维的存在，我们也不能用对它的一个维度的洞见来否定另一个维度的洞见；企业的战略，在具体实践中也不是只有一类或几类统一的模式。

下面主要借助案例，以实证的方式对战略发展和战略发展的效果做进一

步的展示与说明。这类案例其实不胜枚举，因为每一个卓越企业（时期）都是一个这样的故事，无一例外。同时，这里选择的8个企业案例的时间跨度有150多年，我是想借此表达另一个意思：战略发展对企业的意义从来都是如此。

二、例举

案例一[①]：1859年，美国宾夕法尼亚州开挖出世界第一口油井，无数人疯狂涌进西北，数以千计的油井被胡乱开挖出来，其中自然也包括邻近的克利夫兰。看到这情况的约翰·D·洛克菲勒（John D. Rockefeller）判断"原油价格必将大跌，真正能赚到钱的是炼油，而非钻油"。历史证明他的判断是正确的。数年内，原油暴跌，炼油速度远不及钻油速度，许多钻油商必须贱价抛售原油以避免破产。1863年，他与克拉克（Maurice B. Clark）两人终于行动，成立Clark & Rockefeller公司，转向石油提炼投资，并揽入了另一位合伙人——化学家安德鲁斯（Samuel Andrews）。

1865年2月，洛克菲勒和老合伙人克拉克在经营方针上出现了严重纠纷。其结果，洛克菲勒大量借债筹措现金，在拍卖会上以72500美元（这对当时的他来说是一笔巨款）将克拉克的股权全数买下，公司名亦改为Rockefeller & Andrews。该拍卖常被后世史家视为石油工业历史上极为重要的一战。据洛克菲勒自己回忆："那是决定我人生的一天。"这时，洛克菲勒已握有完整的资本迎接南北战争后的复苏带来的对能源的需求。

1866年，洛克菲勒揽入自己弟弟William Rockefeller为生意伙伴。1867年，揽入Henry M. Flagler为另一合伙人，以他们三人为核心的炼油公司Rockefeller, Andrews & Flagler诞生，这即是日后标准石油的前身。此后两三

[①] 根据360百科资料整理。

年间，洛克菲勒选择高风险的极端方法，大量举债增资，大量开发副产品，并大获成功。

到 1868 年，Rockefeller，Andrews & Flagler 公司已在克利夫兰拥有两块炼油区，并在纽约设有一个交易据点，已是世界上最大的炼油商。1870 年 1 月 10 日，洛克菲勒将炼油公司 Rockefeller，Andrews & Flagler 重组为标准石油公司（The Standard Oil Company），设于克利夫兰。在 1872 年的某个短短的 4 个月间，标准石油又以迅雷不及掩耳之势收购了克利夫兰境内的 22 家炼油商（当地业者总计 26 家），这就是著名的"克利夫兰大屠杀"（Cleveland Massacre）。在此处站稳脚跟的标准石油更加锐不可当，在之后一连串的"竞争—胜利—收购"循环下，1879 年，在成立短短 9 年后，标准石油已经控制了全美 90% 的炼油产业。因为量大，单位成本变得更低，使他更能向钻油业者与铁路业者讨价还价，地位更加稳固。

案例二[①]：1863 年 7 月 4 日，美国南北战争的双方都开始使用军舰对抗，给安德鲁·卡内基（Andrew Carnegie）以警示：帆船时代已经过去了，钢铁时代即将到来。于是，辞职之后，他来到欧洲旅行，到伦敦考察了那里的钢铁研究所，果断地买下了道茨兄弟发明的一项钢铁专利，还买下了焦炭洗涤还原法的专利，他认为，这两项专利会带来源源不断的财富。回到美国的卡内基，他开始鼓足干劲，大干一场。他把分散的资金聚集在一起，把以前自己入股的两家公司合并起来，成立了联合制铁公司。

他迈出进军钢铁业的第一步后，就开始大胆引进最先进的生产技术和人才，大刀阔斧改进生产管理，不断地改进钢铁生产技术，降低成本，使自己一次又一次走向成功。到了 19 世纪末 20 世纪初，卡内基钢铁公司已成为世界最大的钢铁企业。其拥有 2 万多员工及世界上最先进的设备，年产量超过

---

① 根据360百科资料整理。

了英国全国的钢铁产量,年收益额达4000万美元。卡内基是公司的最大股东,但他并不担任董事长、总经理之类的职务。他的成功在很大程度上取决于他任用了一批懂技术、懂管理的人才。

案例三[1]:1942年6月,惠普公司(HP)创始人之一休利特应征入伍。休利特走后,帕卡德开始独掌大局,他意识到惠普公司作为电子产品的生产者,在无线电、雷达、声呐以及航海、航空仪表等产品需求量激增的局面中占据了有利地位,况且战争的恶劣条件恰好是检验这些产品性能的大好时机,这对战后公司的发展非常重要。帕卡德下决心抓住这一历史机遇。于是他对许多产品做了细致的改进,使之更能适合战争的需要。

"二战"结束时,惠普已经成长为一家拥有200万美元资产和200名员工的大公司了。在惠普公司日益发展时,帕卡德敏锐地注意到公司员工的热情似乎不是很高,而这时的惠普股票节节攀升,他们有什么不满意吗?仔细调查之后帕卡德才明白,只有让员工持有公司股票,才能充分调动他们的积极性,这就是后来的职工持股计划,该计划立即使公司面貌焕然一新。此时的惠普公司已进入高速扩张时期。

案例四[2]:从起初的技术设备引进阶段开始,日本汽车工业就没有全部照搬美国的汽车生产方式。这其中除了当时的日本国内市场环境、劳动力及"二战"后资金短缺等原因以外,一个很重要的原因是以丰田汽车公司(TOYOTA)副总裁大野耐一等人为代表的企业家,他们从一开始就意识到美国汽车工业的生产方式虽然已很先进,但需采取一种更灵活、更能适应市场需求、更能提高产品竞争力的生产方式。在20世纪后半期,整个汽车市场进入了一个市场需求多样化的新阶段,而且对质量的要求也越来越高,这给制造业提出的新课题即是,如何有效地组织多品种小批量生产。否则的话,

---

[1] 根据互联网公开资料整理。
[2] 根据360百科资料整理。

生产过剩所引起的只是设备、人员、库存费用等一系列的浪费，从而影响到企业的竞争能力，甚至生存。

在这种历史背景下，1953 年，大野耐一综合了单件生产和批量生产的特点和优点，创造了一种多品种、小批量混合生产条件下的高质量、低消耗的生产方式，即准时生产（Just In Time，JIT），以及以 JIT 为重要内容的 TPS（Toyota Production System，TPS），它使丰田最终发展成为全球最大和市值最高（后来被特斯拉超过）的汽车公司。

案例五[①]：1985 年，在存储芯片市场已经被日本对手打败的美国英特尔公司（Intel）正徘徊在"死亡之谷"。格鲁夫在他 1996 年出版的管理书籍名作《只有偏执狂才能生存》（Only the Paranoid Survive）中回忆起当时的情景："我望着窗外远处大美洲主题公园里旋转着的摩天轮，转向摩尔问'如果我们下台了，公司再任命一个新 CEO，你觉得他会怎么办'，摩尔不假思索地回答，'他会放弃存储器业务'。我呆呆地注视着他，然后说，'那我们为什么不这么做呢？'"于是，他们果断地做出决定，英特尔进行战略转移，专攻微处理器。

摩尔和格鲁夫将英特尔的主业转向微处理器时经历了一段痛苦的历程。相较存储芯片，微处理器当时只是英特尔的副业。在公司所有人的心目中，英特尔就等于存储器，可格鲁夫仍锐意改革。微处理器是英特尔于 1971 年发明的，这个产品当时并不出色。当 IBM 选择英特尔的微处理器作为其个人电脑的核心芯片时，微处理器的需求量才陡然上升。但是，IBM 一直坚持要英特尔把微处理器的设计特许权让给其他芯片制造商，以便自己总能得到稳定的供应和优惠的价格。格鲁夫意识到，电脑市场很可能会迅速发展起来，但只要英特尔仍然与其他芯片制造商分享自己的设计，就只能作为一个命运

[①] 根据界面2016年12月13日发表的文章《英特尔这48年——半导体巨头的辉煌与转型》整理。

战略性生长——该如何经营企业

不定的配件供应商，受制于比其大 60 倍的 IBM。英特尔必须使自己成为微处理器的唯一货源，才能主宰自己的命运。1985 年，英特尔推出了 386 微处理器，并宣布不会将该技术特许权授予其他制造商。

IBM 起初在他们的机器中不安装 386。但当头号竞争对手康柏（Compaq）使用了 386 芯片后，IBM 便回心转意，与英特尔达成协议，由英特尔为他们制造一部分 386 芯片，用于其产品组装。英特尔赢得了赌注。386 芯片成为计算机技术的一个真正里程碑。此后，英特尔和微软取代了 IBM，逐渐成为整个计算机产业的领导者。

案例六[①]：1991 年以前，诺基亚公司（Nokia）只是芬兰一个地区性的公司，其市场主要分布在国内和东欧国家。由于苏联解体和东欧剧变，诺基亚一下子失去了大半个市场并陷入困境。此时的诺基亚股东曾试图将诺基亚卖给邻居——瑞典的爱立信公司（Ericsson），但爱立信却并不想要这个包袱。然而，事实并不像人们想象得那么糟。经过 7 年的奋力拼搏，诺基亚成为全球最大的手机生产商。

诺基亚能够从一个不出名的小公司发展成为举世瞩目的跨国电信集团公司，首先得益于掌门人约玛·奥利拉的远见卓识。诺基亚是 1865 年成立的老公司，在公司成立后的 100 年中，诺基亚从事了木材、造纸、物业、橡胶、机械、电缆等多种行业。1992 年，诺基亚新任总裁奥利拉看准了能引领时代发展方向的通信行业，并明确提出："未来将属于通信时代，诺基亚要成为世界性电信公司。"正如奥利拉所预料的那样，世界移动电话的需求量很快就进入了高速增长时期。

20 世纪 90 年代中期，诺基亚因涉及行业过多而濒临破产，当时的诺基亚总裁及高层果断地将其他所有业务舍弃，只保留下诺基亚电子部门。当数

[①] 根据互联网公开资料整理。

字电话标准在欧洲开始流行时，诺基亚早已准备就绪，凭借充满灵感的设计和不断地推陈出新，1998年一跃成为世界移动电话最大的生产商。2006年，诺基亚更是创下了让手机厂商艳羡的72.8%的全球市场份额。2007年，诺基亚公司实现净销售额511亿欧元，利润收入达72亿欧元。

案例七[①]：英国广播公司（BBC）的报道评论称，令奥尔特加（Amancio Ortega）、ZARA及其母公司Inditex获得成功的是其特别的洞察力。追求时尚的人不满足于传统商店服饰缓慢的更新速度，奥尔特加深刻地认识到了这一点，决定从根本上缩短整个周期，创造出了ZARA的"快"商业模式。奥尔特加从小在服装行业摸爬滚打，敏锐地观察到了女性消费者对高档服装的普遍青睐和高昂的价格之间的矛盾，并从中形成了后来ZARA的经营思想，即用较便宜的材料仿制流行时装，并以消费者更容易接受的价格出售。

案例八[②]：别人毕业后都着急找工作，柳井正却只知道游手好闲，到处泡馆喝咖啡、看电影，反正就是不工作。他老爹只好安排他去永旺超市。他当了一年补货员就跑回家了，因为这份工作实在无聊又无趣。柳老爹大手一甩："家里的服装店，你来接手。"柳井正内心是拒绝的，因为他既不感兴趣，也怕搞砸了。老爹的话又不容置疑，柳井正就只好硬着头皮上了。服装店其实很小，每年的营业额就600万日元（相当于50万人民币）。总共就5个人，他一去就只剩下两个人，还包括他自己。从这个县城的小店起步，柳井正一干就干了40多年，不仅开创了一个服装帝国优衣库，营业额每年近1万亿日元，还把自己捣鼓成了日本首富。

柳井正接手的服装店其实是卖西服的，并没有卖休闲服。卖西服，毛利确实很高，但它有很大的局限性：不仅周转期长，受众面小，而且非常依赖现场销售。懂得卖，可以赚钱；不懂得卖，很快便会库存如山，亏得连渣都

[①] 资料来源：互联网。
[②] 摘自游心录微信公众号的文章《一年能卖一万亿，连马云都拜服，优衣库到底是怎样做到的》。

不剩。而柳井正又很内向，讲句话都会脸红。可想而知，让他向顾客推销会是怎样一种窘态。他就老在想：有没有可能不要店员推销服务，又能卖出去的服装呢？有，休闲服。柳井正发现，休闲服男女老少都可以穿，而且随时随地都可以穿。对于休闲服，顾客不会像买西服那样仔细斟酌，只要上身穿得舒服就会购买，这样既免了店员的讲解服务，又可以实现高效周转。

刚需，高频，有市场想象空间，休闲服市场就是一盘大生意。他又跑去美国转了一圈，发现 GAP、ESPRIT 等牌子卖得非常火爆，而日本市场正起步，并未流行，这更加验证了自己对市场的判断。一旦确定，就要大干快上。此时，柳井正已经在服装零售行业干了快十年，就这个洞见让他全面转型，停掉其他所有业务，只售卖休闲服，开了优衣库的第一家门店。

优衣库初期的发展靠"两把斧"：一是像卖杂志那样卖休闲服，二是价格非常便宜。像卖杂志那样卖休闲服，就是自助贩卖，就像超市一样陈列，不用导购，顾客进店就自行选择，如果试衣合适，就去埋单。这变革了服装的售卖模式。整个购买体验非常流畅和舒适，在当时的日本一经推出，就非常受欢迎。不仅如此，优衣库一开始虽然卖的是杂牌服装，但走的是价格实惠的亲民路线，同样的休闲服比别的店价格都要便宜实惠，就几十块一件。因是休闲服市场的先行者，柳井正很快就凭着这"两把斧"赚了一大笔。

赚了第一桶金后，柳井正选择重新定义企业，从更高维度重新出发。他把优衣库定义为一家像苹果一样的高科技公司，而不是一家只会卖服装的零售企业，也不是常规的自主品牌服装店。定义不同，发展路径就不一样。定义为高科技公司，那么服装就不只是布料的组合，而是模具和原材料的迭代和创新，开发新的服装原材料，赋予服装新的功能特性。比如卖得最火爆的 HEATTECH 系列内衣，就因为技术的提升带来原材料合成纤维的变革，因此每年都会像 iPhone 一样迭代，加入不同的功能：2003 年进入市场时只有发热、保温两项功能，2004 年多出了抗菌功能，2005 年加入保湿功能，2007

年加入伸缩性等。优衣库通过改变原料、改变设计、改变产品开发体制，来改变服装、改变常识、改变生活。

优衣库洞察市场需求的方法不是问顾客，而是把其他品类的畅销服装进行休闲化。比如他们会问西服能不能休闲化？登山服能不能休闲化？徒步装备能不能休闲化？这是他们开发产品的逻辑起点。对已经开发的产品，则鼓励顾客"吐槽"。优衣库认为，哪里有不满哪里就有需求。当他们"吐槽"时，往往会肆无忌惮，会透露出自己内心的真实想法。优衣库不做满意度调研，只做不满意度调研。曾悬赏百万让消费者"吐槽"，结果收集到了1万多条不满意见。当顾客在尽情"吐槽"时，优衣库也就收集到他们的真实想法，从中可以获得产品开发线索。

优衣库能做到质量过硬，价格又实惠，是因为它的生产成本低。生产成本低，源于生产链打通了生产、设计、流通、销售等环节，并能做到高效运转。因此，其毛利率可以一直控制在15%以上。

门店多了，管理就成了问题。门店该怎么管理？靠《门店运营手册》？优衣库也曾经做过详细的手册，一切行动都按照规定来。结果手册越来越厚，但门店的效益却越来越差。为什么？因为店长都在负责执行，手册上没有规定的事情都得请示总部，一点决策自主权都没有。店长就不愿意想门店经营上的事情，乐于当好优衣库门店的看门人。这肯定不行。柳井正改变了这个格局，一边采取"法无禁止即可行"的规定，只要遵守最低限度的公司经营原则，其他一切均由店长自己裁决；一边跟店长进行绩效分成，奖金的标准从最低的零到最高的1000万日元，能拿多少全看店里的营业额。这样店长就可以用自己的思想和方法来经营店铺，像一个独立自主的生意人一样经营好自己的门店。所以，我们能看到优衣库每个门店主推的产品都不一样，如果有优惠，折扣也不一样。因为店长有自主决策权，可以根据门店实际情况随时做出决策调整。

战略性生长——该如何经营企业

随之而变的是组织结构的调整。总部的定位不再是决策部门，而是支持部门，一切都围绕着门店，所有资源都向门店倾斜。战场在门店，因为门店才是优衣库的利润来源，店铺的销售员比总部的人更了解顾客。所有正确的答案都在店铺的销售第一线中。柳井正说："主角是店铺，总部是负责后勤的。所以店铺与店长的定位，应该要比总部高。"将从进货到定价、卖场结构、陈列等一切权力都下放给了销售现场，总部干什么呢？就是全力支持和配合，保证货源充足，保证信息系统运作顺畅，保证员工得到优质的培训等。

优衣库只卖基本款，款式特别少，只是普通企业的 10% 不到。基本款，就是不追潮流、不时尚、不用换季，可以随时随地穿一季又一季，与 GAP 和 H&M 迥异。这意味着要让每一款产品都大卖，得统统卖光；否则，一旦卖不动就是库存如山，只能清仓大甩卖，中间没有余地。柳井正经常挂在嘴边的话是："如果一个季度只生产一种产品，那才是最理想的模式。"

但怎样做到爆赚而不是爆亏呢？洞见！洞见！优衣库的产品理念是：不是如何想法子把做好的商品卖出去，而是如何迅速地锁定畅销产品，并以最快的速度组织开发和生产。这就需要对需求的洞见。优衣库的做法是，对已经流行的小众品种进行休闲化开发，摇粒绒休闲服是经典案例。还有一种方法，就是对大众产品进行升级，比如毛衣一般只能手洗，优衣库却研发出了机洗毛衣。优衣库能用 1/10 的产品数量战胜竞争对手，是因为在每一种产品中注入了 10 倍的能量，提高了产品的精度与品质，使每一款产品都会成为优衣库的招牌。

即使做好一切，优衣库也不能保证每个店都盈利。对于不盈利的店，怎么办？关店，立刻，马上。优衣库不惮于承认错误，止损非常坚决。因此，我们会经常看到优衣库关店的消息。但与此同时，优衣库开店也非常迅速，瞄准目标就是集团作战，旗舰店为冲锋号，标准店瞬间遍地开花。比如做广州市场，在没开业前，就在广州各条地铁沿线、社交网络、户外社区等线上线下渠道进行了足足一个月的广告轰炸。形成轰动效应后，中央商务中心维多利广场整个四层楼的旗舰店才隆重登场，开业当天就排起了长龙。之后不到一年，广州几乎每个商区都有一家优衣库。当我们看到优衣库关店的消息时，其实它只不过是想换一个地方开店。

第二节 洞见总是难得

一、洞见不是想有就能有的

战略，从根本上讲是一个认知性问题，而不是一个选择性问题，虽然有时候它表现为某种选择。战略的要件是洞见，而不是在某个方向上掷下赌注。洞见提供关于方向和企业战略行为的评判标准，使得企业经营免受一时一地情境的影响和左右。战略不是一种应激性反应。洞见，使企业免于完全的盲目性试错。

1970年出生的王卫，7岁随家人搬到香港居住。高中毕业之后，王卫没有继续升学，十几岁的时候，曾经在香港叔叔的手下做过小工。王卫曾受人之托，在广东和香港之间捎带一些货物，后来当东西越来越多，用拉杆箱也装不下的时候，王卫意识到这是一个商机。他跟父亲借了10万元，于1993年在广东顺德注册了顺丰速运，并最终将其从一个跑腿的活计发展成市值几千亿的快递公司。

再以小沃森领导的IBM为例：直到1946年，世界上第一台通用电子计算机在美国宾夕法尼亚大学诞生，那是一个占地170平方米、重达30吨的庞然大物，每秒钟可以进行5000次运算，数据处理能力完全超过当时最先进的穿孔卡片机。可无论是老沃森还是小沃森，一开始都没有意识到计算机的颠覆性，因为计算机看起来实在太庞大、太怪异了，根本不可能用作商业用途，更不可能替代穿孔卡片机。对此，老沃森断言：全世界对计算机的需求不会超过5台。好在小沃森及时调整了观念，他突然认识到，IBM的主营业务其实并不是穿孔卡片机，而是数据处理。在数据处理速度上，穿孔卡片机经过多次改进，已经达到了它的极限：当机器的读卡速度加快时，卡片的磨损速度也会加

第三章　战略发展让卓越企业脱颖而出

快；如果进一步提高读卡速度，卡片本身就会撕裂。而且，一张卡片只能记录少量数据，有些大型企业数据多，不得不用一整栋楼来存放这些穿孔卡片，已经到了存储的极限。而计算机不但运算速度超快，而且数据是存储在磁带上的，这就大大节省了存储空间。所有这些都预示着，穿孔卡片机必将被计算机所替代。想清楚了这一点，小沃森决心要带领IBM全面进军计算机领域。

战略发展让卓越企业脱颖而出的另一个原因是，不是你想要战略发展就真的能实现战略发展的。洞见是战略的要件[1]，但洞见并不易得。洞见总是难得的意思是：①洞见不是谁想有就一定能有的；②除了用心之外，洞见的获得，还需要有天赋和机缘巧合，具有偶然性。

例如1997年，英特尔和美国能源部共同发起成立EUV LLC前沿技术组织，汇聚了美国顶级的研究资源和芯片巨头，包括劳伦斯利弗莫尔实验室、劳伦斯伯克利实验室和桑迪亚国家实验室三大国家实验室，联合摩托罗拉（当时如日中天）、AMD等企业，投入2.25亿美元资金，集中了数百位顶尖科学家，只为一件事：极紫外光刻机到底可不可行[2]。

例如亚马逊网上书店。1994年，30岁的贝索斯坐在位于曼哈顿的一栋办公大楼39层的电脑桌前，这位1986年毕业于普林斯顿大学电气工学与电脑科学系的工程师，正在探索尚未成熟的网络使用情形，他惊讶地发现网络使用正以每年高达2300%的速度暴增；很快他又发现了图书，它有非常多的品种，任何给定时间都有150万册英文图书，如果考虑全球所有语言，则不少于300万册。在得到了好友的支持和父母30万美元退休金的资助后，他于1995年7月成立了象征南美宽广无垠的河流的亚马逊网上书店。

而在2002年前后，亚马逊为了更快地发布产品而不断招募工程师，可

---

[1] 缺乏洞见基础的企业在经营上的某种选择或策略，并不具有战略的意义，或者说并不构成战略发展。当然在实践中，战略发展与非战略发展的界限并非是泾渭分明的。

[2] 资料来源：电子工程专辑网。

开发延时的情况却越来越严重，贝索斯派贾西去了解其中的原因。虽然贾西没有技术背景，但却能够理清技术团队问题，他发现产品研发团队各自花在设计与构建基础设施上的时间比开发产品的时间还要多。基于此问题，亚马逊随后决定搭建统一的基础架构，使不同团队在共享底层设施后可以集中力量开发各自的产品，并直接导致了云服务业务（AWS）的诞生。

例如 Airbnb 的诞生。2007 年秋天，住在旧金山的布莱恩·切斯基和乔·吉比亚为即将到来的租金问题一筹莫展。这时他们了解到旧金山即将举办一场设计展，而由于展览的火爆，当地的所有酒店已经预定满了。乔·吉比亚从中发现了商机，他立马给布莱恩·切斯基写了一封邮件陈述他的想法：他们可以在客厅放几张空气床垫，然后将床位租出去，为前来参会的设计师们提供一个落脚之地，并向他们提供房内的无线网、书桌、床垫和早餐等服务。后来他们建立了一个网站，给他们的空气床打广告，居然在周末成功地招来了 3 个租客。他们将这项出租服务称为"空气床和早餐"（air bed and breakfast），并在此基础上发展出一个价值数百亿美元的共享经济平台。

例如在 facebook，人们尊重扎克伯格不是因为他是 CEO，而是他在产品、技术方面的敏感性和洞察力，他是为这家公司指引方向的人，而且被大家信服。

通过对事物表面的观察而得出的结论并不构成洞见。例如我们都知道苹果用少数几款产品打天下，可摩托罗拉 2004 年以后单薄的产品线（如 V3 手机）就输给了诺基亚的多款战术；3M 是高度分权的，可苹果、亚马逊和特斯拉成功的一个重要原因却是其老板的主导和强烈的控制欲；如苹果的创新从用户体验出发，而谷歌的创新主要是从自身的技术出发等——商业世界中的很多现象和事实都是相左的。活在表象世界里的人，永远不可能有什么洞见。

所以，在商业世界里，基于清晰的洞见的公司、产品或业务并不多，与此相对的是，在这上面出错的却不少，包括那些明星公司和企业家。例如移动电话刚起步时，AT&T 公司预计到 2000 年其全球用户不超过 100 万，这个估计比 2000 年时的实际数目小了 100 倍。

例如英特尔在移动处理器上的误判[①]：2005 年左右，当苹果准备发布新款智能手机时，其联合创始人史蒂夫·乔布斯与英特尔时任 CEO 保罗·欧德宁接洽，希望后者为 iPhone 提供芯片，开出的价格是每枚处理器 10 美元，除此之外不给一分钱。于是，欧德宁组织了一个团队，进行了一系列的测算：根据这个开价，要确保多少产量才能盈利，而这取决于 iPhone 的销量。算来算去，英特尔的团队认为，为 iPhone 开发处理器需要巨额资金投入，每枚才卖 10 美元，肯定是笔赔本的买卖，不值得做。欧德宁接受了下属的意见，回绝了苹果提出的交易。最终苹果将合同授予了三星。三星由此迅速壮大，仅用了 3 年时间，在晶圆代工行业的排名就从第 10 位跃升到第 3 位。

2012 年 11 月 19 日，欧德宁宣布将于第二年 5 月辞去 CEO 职务，当时他只有 62 岁，远不到英特尔 65 岁的正常退休年龄。而且，欧德宁是在尚未确定新任 CEO 人选的情况下宣布退位的，这在英特尔历史上还是首次。保罗·欧德宁的突然辞职，主要原因是自己在应对智能手机和平板电脑业务时决策失误，被认为是"英特尔史无前例的误判"。事实也证明，英特尔当时对成本和销售的预测是错误的。iPhone 手机生产量竟达到英特尔团队所预期的百倍之多。在接受《大西洋月刊》采访时，欧德宁承认在他担任 CEO 期间，曾亲手扼杀了成为第一代 iPhone 处理器供应商的机会。英特尔不仅损失了数十亿美元的收入，而且给了竞争对手获得制造专业知识的机会，这些专业知识包括如何大规模制造芯片和制定严格的规格。

例如通用电气公司在工业互联网上的误判和战略失误。进入 21 世纪后，新的掌门人伊梅尔特宣布把通用电气造就成工业互联网公司，全力打造数字

---

① 根据互联网资料整理。

化通用电气。2018年7月31日华尔街传来消息，通用电气将出卖其工业互联网核心业务——工业云平台Predix（通用电气目前仍保留这项业务）。

二、无替代性解决方案

企业难以通过战略跟随规避关于洞见不足的问题。理论上，企业可通过战略跟随达到较高的战略水平，但存在如下一些问题[①]：其一，要等对方的效果显现后才能识别其战略的有效性，而这时对方已经建立起了领先优势；其二，对方的战略可能超出自己的生长力边界，跟随本身是无效的——比如把谷歌公司的战略给百度公司，把特斯拉公司的战略给"蔚小理"（蔚来、小鹏、理想）等公司，肯定是无效的；其三，没有深刻认知的东西，终究学不来。

---

① 所以，战略只能是各自的战略。

第三节　过程的战略性更有意义

一、没有人从一开始就知道如何做

洞见并非出自先验，它是一个认知过程的结果。认知发展亦是生长的一部分。理论上，任何一个见地都来自过程。扎克伯格说：没有人从一开始就知道如何做，想法并不会在最初就完全成型，只有当你处理时，才变得逐渐清晰。而打开 Automattic 公司的 Twitter 主页便会发现，该网站页面有接近 1/3 的内容是关于远程办公的讨论，从创始人到高管，再到普通员工，这家公司的每个人都在不遗余力地表达对远程办公的思考与探索。

再清晰的洞见也不能保证 100% 的正确和完全消除不确定性。战略发展是在混沌的边缘行走，因此并不适用完全的规划模式。企业的战略发展包括过程的战略性。方向并不一定先于行动，获得事物的洞见，需要我们参与其中，包括在大方向中找到具体方向。未然区域必是混沌的，你不可能一下子看清楚，也很难一下子看得很远。一般情况是，随着认知的发展，逐渐走向战略的具体化和具象化。企业的战略发展过程更接近于一个"认知—检验—定型和完善—认知发展与刷新"的过程。

二、示例一下这种过程

在面向未知和未来时保持战略性的方式是：过程的战略性。过程的战略性比战略的过程性更有意义，也更接近于实践的真实。没有谁先知先觉，全知全能，用判断替代演进总是会有错误的可能。对未来的判断，可能将被未来击碎。在认知不足的情况下，很难制定出有价值的战略。企业发展应是一个不断地从自然发展向战略发展转换的过程，是一个自然发展与战略发展交织的过程。下面通过一个案例看一下这种过程。

黑湖科技公司联合创始人、CEO周宇翔介绍说[①]：我是在2015年从美国回到中国开始创业的，和我的几位高中同学及其他几位朋友，我们都已经在海外工作了好几年。2015年的时候，国内创业氛围非常浓厚，但我们看到大部分创业都围绕着O2O、线上经济、电商等，真正的科技进入到实体经济还没有发生，尤其是在制造业这个板块，科技的渗透是非常不足的。所以当时我们希望带着国外的一些前沿的技术框架，把数据科学这些技术和国内的制造业相结合。

一回国，我们也很幸运地拿到了投资。后来我们就走偏了，因为我们过分相信技术、算法。我们在北京租了一个四合院，招募了十几个北京大学、清华大学、北京航空航天大学的同学，开始在四合院里面写代码。那是我们的第一个公司。我们希望开发一个"大数据预测算法公司"，即当所有的工业数据流到我们的模型里面后，我们可以提供实时的预测、分析的结果，例如预测设备停机的时间、识别产能瓶颈等，当时这个愿望是非常美好的。拿到天使资金以后，我们并没有调研，然后就开始写代码，希望将美国的整套系统在中国落地。2015年9月，那时候我们已经开发了六七个月了，产品也差不多初具雏形，我们带着这样一款产品去拜访了很多企业，像青岛啤酒、三一重工、海尔、富士康等。

到了现场以后，我们非常震惊。因为我们发现整个工业现场连数据的基础准备都没有完成，很多工厂靠纸单记录信息，靠excel做每天的排班排程，靠ERP往下沉到生产现场，去管理生产现场的一些运营活动，但我们当时的设计是基于高并发、实时、海量的数据涌入我们的系统，我们才能生成实时

[①] 该案例在黑湖科技公司联合创始人、CEO周宇翔先生2021年11月17日的一次直播分享的基础上整理而成。使用该案例，并不表示我对黑湖科技本身及其中涉及的内容有任何的判断和评价，而仅是因为我看中它是一个能对我所说的这样一种过程本身进行很好示例的材料。

预测的结果，现状离我们当时的设想有非常大的偏差。当是我们想着是不是找的客户不对，于是又从北方来到了华东，到长三角、珠三角，走访了大量的大型、中型、小型企业，发现情况大同小异。又坚持了好几个月后，我们把第一个公司停掉了。

当时大部分团队已解散。几个创始人觉得已经辞掉海外的工作回来，如果再这么灰溜溜地去美国，前面的这段时间就浪费了。正好那个时候离农历春节还差一两个月的时间，我们就想着利用一下这段时间。第一个公司犯的最大的错误就是没有去客户现场，没有真正了解客户的痛点，我们是在带着锤子找钉子，这个方法肯定是有问题的。所以我们几个人就决定干脆去工厂现场，去当一段时间的工人，去实际体验一下我国制造业的现状是怎么样的，面临什么样的痛点，技术应该怎么去解决这些问题。

我去的是欧莱雅和雅芳上游的一个化妆品生产线，在苏州甪直镇。非常巧的是，我发现那个公司当时面临的一个很大挑战是：以前的整个化妆品生产是完全标准化的，比如雅芳或欧莱雅给一个 SKU 订单，差不多有 20 万～30 万件，一个生产线可以用 20～30 天生产一个产品，干完之后再去切换。但是后来这家公司开始接一些更小众的新国货，或一些小众的日本和韩国的化妆品，这些订单的毛利率变得更高，因为它个性化、批量很小。然而，整个生产线上的信息化基础无法支撑它从以前 20～30 天一个生产周期变到过 5～6 个小时就需要去切换这种情况，比如注塑机换模具、物料的更换等，中间会浪费大量的时间，以前它可能生产 20～30 天而换模具需要 5 个小时，那 5 个小时对比 20～30 天其实可以忽略不计，但当生产周期缩短到 5～6 个小时的时候，那 5 个小时的等待就意味着产能利用效率只有一半。

我们就仔细分析为什么中间需要等待 5 个小时的时间。发现其实真正换模具的有效作业时间还不到 1 个小时，他们当时的做法是打电话给仓管员，然后找到这个模具，叉车工人再开着叉车去运到他所认为的正确的那个生产线，然后设备科的老师傅再过来调试机器。中间有层层人和机器、人和物料互动的步骤，因为它整个工程靠纸单作业、excel 来做排程，ERP 落到现场来做管理，所以整个现场的协同作业是脱节的，5 个小时里面有 4 个小时浪费在了沟通、等待、错误、再纠正错误的过程当中。

当时我们几个合伙人，一位在一个啤酒制造厂，一位在三一重工，都发现有类似的问题。整个生产过程非标、小批量、多批次，甚至有的品种变得高度定制化。我们觉得这是一个未来的趋势，这个趋势对过去的制造形态带来了严重的挑战。然后我们就思考怎么去解决这个问题。当时的灵感来自寝室。晚上我们和工人们住在一起，在晚班 8 点钟结束以后，吃完晚饭，打一会儿篮球，大家就回到了寝室。当时我那个寝室大概有十几个床位，晚上大家在床上看硬壳直播这些东西，那时候还没有抖音、快手，但工人们的手机都是非常好的。所以我们就想，如果用一个系统或者软件去解决现场协同的问题，那么个人手机或物联网终端的这些 IOT 设备是不是能成为一个更好的软件载体？

当时我们就开始探索，选择了手机 App 作为我们系统的第一承载。之后我们开始思考云计算肯定是天然的模式，因为已经 App 化了，那我们自然就不希望采用本地部署的方式，而是调集云端。

所以到 2016 年，我们觉得这个方向确实是值得探索的，于是就基于我们在生产线上看到的一些问题，快速开发了一些应用。巧的是，现在复盘的时候，大家可能会问黑湖科技当时是不是经过仔细考虑才选择了前沿的东西，其实是因为当时人手不够，原来的团队都解散了，只有几个创始人在坚持。三四个人如果要做出一个产品来，必须要一个快速的框架，如果用传统的工业开发体系，要半年或一年才能推出一个产品，那验证周期会非常长。出于这个原因，当时我们就选择了谷歌、facebook 等偏向于 C 端的一些技术战略，然后在两三周之内就搞出了一个快速能用的 App，带去现场测试。测试过后，第一次反馈的结果还是超出我们的意料的：我们当时选了两条生产线，一个用我们的系统，一个不用我们的系统，两三周以后，回访客户的时候，没有用生产线系统的工人开始主动要求使用。

我当时在想，一套管理系统，按理说应该是老板让下面的工人去使用的，为什么会有生产线的工人主动要求使用呢？通过和他们交流，我们发现其实是因为使用我们这个生产线系统的工人，他们等待衔接的时间缩短了，工厂的工人拿计件工资，也就意味着每天他的有效作业时间变长了，有效产出变多，那每天的工资就会多30~40块，一个月会有接近1000块钱的增幅，所以当时另外一个生产线的工人也要求使用。在第一次创业失败后，这次给了我们最大的一股信心。因为我们整个团队在早期并不懂工业软件，也不懂工业现场，我们是带着互联网的思路进入这个生产线去学习、去了解，我们也不知道这个事情能做多大，但是至少比起第一个公司，它确实解决了一些问题，给工业现场带来了改变，缩短了作业等待的时间。所以，我们当时就开始黑湖科技的创业。

后来在2017年，整个过程中我们其实没有签任何商业化的客户，我们在打磨产品。我们把公司也从北京搬到了上海，因为长三角地区民营企业更多，大家对创新的追求更加积极。很多民营企业就成了我们早期的所谓"小白鼠"吧。到了2018年，产品的整个框架结构已经比较完整了，我们就逐渐推向市场，开始获客。

2019年其实比较艰难，因为我们最开始都是开发产品的，一帮工程师和产品经理并不懂得如何去做规模性的商业化。因为2018年的时候跑了接近100个客户，大家反馈的口碑都比较不错，但我们比较困惑到底该怎么去寻找客户。2019年我们就开始逼自己去学习。当时识别了国内的一些ToB公司，想看看哪一家的模式比较接近我们要搭建的商业化团队和交付团队。后来我们锁定国内的一家企业，向这家企业请教了很多问题，并结合互联网、SaaS

软件企业的特色，设计了内部的组织治理机制。到了2019年底，我们整个业务就开始急剧发展。虽然2020年遇到了新冠肺炎疫情，但是整个黑湖的业绩还是翻到3.5倍。到今天，我们开始从中型客户向大客户突破，这是我们整个创业的经历。

整个过程中，黑湖在解决什么问题？跑到今天我们才意识到，大家提工业互联网、数字化转型，或者之前提的工业4.0，我们觉得从本质来讲，互联网本身还是在于连接，不管是在消费端连接消费者到平台，还是在O2O模式中连接商家、外卖小哥到消费者。在产业互联网这个年代，我们仍逃不出连接的本质。所以启用云计算，我们不仅希望把一个本地的工业软件搬到云端，而且在思考怎么让工厂和工厂之间，工厂的车间之间，上下游层级之间打通数据壁垒，让数据去驱动制造。黑湖科技的愿景是让数据驱动制造，但实现的方式有在工厂内部、工厂外部、供应链体系内等多种途径。

黑湖科技现在发展到500多人，在北京、深圳、杭州都有分支，也有很多人在给黑湖科技贴一些标签，有人说我们是云化版的工业软件，有人说我们是工业互联网平台，也有人说我们是国产替代进口，其实我们自己内部从来没有这样定义过自己的事情。黑湖科技到底是在解决什么问题呢？这个与我们对整个供应链数字化的观察有关。当时我们几个创始人去工厂实习的时候关注到一个共同的点，就是工厂开始去接一些小批量、多批次的非标订单，但为什么会有这些订单呢？我们就开始在思考，其实黑湖科技完成的事情并不是单点工厂的数字化。当下的工厂在思考转型的时候，很多会落入一个陷阱，以为上一个系统，或者把设备数据采集过来，或者单个车间把数据透明化，就完成了数字化转型。当然那些是基础，但是完成数字化转型的目的并不是让数据透明，而是让业务发展得更好。

就黑湖科技内部而言，我们在去年复盘的时候就发现，尤其是早期获取的客户（因为不懂得怎么去获得客户，也没有什么客户资源，只能在抖音平台投放广告去触达客户，所以五湖四海的客户都会通过广告找到我们），有70%左右其产品是直接卖给消费者的，比如农夫山泉、蒙牛，还有一家电子烟公司。他们为什么会自发地找到我们？通过客户访谈，我们发现他们对数字化转型的思考已经经历过几个阶段，但都围绕着整个供应链体系。

在20年前，国内迎来了电商。通过电商，甚至社交应用，我们知道了消费者在哪里、他们的需求是怎么分布的，消费者的个性画像也越来越精准。当传统的互联网在消费端将消费者连接到品牌以后，其实我们能精准营销，这是消费端过去20年完成的一个非常伟大的事情。消费者也会在电商平台购买商品。过去10年，物流端产生了很多创新，其中很多创新就来自电商企业本身，比如阿里巴巴的菜鸟裹裹、京东商城的京东物流；也有一些公司，他们将消费者需求连接到电商端，已经产生交易了，那该如何把这个商品快速运送到客户手中呢？

在这个过程中，由于电商和流通端的发展，所有的需求和压力就转到了制造端：以前是标准化制造，由工厂或者品牌去确定一个产品进行生产，然后打广告推广，再产生购买；但今天其实消费者在反向定义产品，比如最开始在服装等行业，甚至现在的直播带货，我们有更多、更广泛的渠道去获取消费者的需求，那以前面向库存而生产的方式可能就已经失效了，今天每家企业都希望自己的生产、供应链变得更加柔性，但是所有的阻碍就落到了制造端。

发现这个规律以后，也就不难解释为什么在黑湖科技早期还没有一个人对人的销售体系，只是在线上推广产品的时候，找到我们的大部分是将产品直接卖给消费者的公司，其分布在衣食住行、饮料、药品、玩具、家用电器等各行各业，因为他面临的消费者的需求压力更大。这就变成我们现在对黑湖科技的一个定义：我们希望在整个供应链数字化当中完成最后一个闭环，帮助这些已经在消费洞察方面有很多积累、在流通端可以快速送达产品的集团或企业，在制造端完成柔性响应各方面细分需求的一个基础设施建设。

我们有个客户是麦当劳。二三十年前，当我还是一个小朋友的时候，不管是在纽约还是在成都、北京，购买麦当劳儿童套餐时送的玩具都是非常标准化的：麦当劳叔叔系列玩偶。但是在过去的5~10年，麦当劳和大量的主力IP，如迪士尼、泡泡玛特、盲盒等达成了各种合作，每一个门店的不同的月份，甚至不同的周，分发的玩具都是不一样的。麦当劳在全球有26家玩具工厂，其中有一大半在中国的重庆、广东等地区。以前我们对生产制造的关注点在于降本增效，通过上系统、自动化和替换人，确保质量是高的，成本是低的，时效性是足够高的。今天大家开始思考，怎样才能具备更柔性的生产能力，能让我的上游工厂对接到下游的需求，甚至工厂的供应商等整个体系能变得更加柔性，去交付这些个性化商品的制造。

这是我们观察到的整个制造业对于数字化转型的一些认知的改变，其实就是从以前的降本增效到了开源。也就是说，如果我的工厂具备柔性化响应的能力，就能接到更好的、更高质量的、更多的订单。我们当时到工厂现场时发现，例如我去实习的那家工厂年产值在当时就已经到了40亿~50亿的水平，但它的作业方式就是，每个小时都会有一个班组长填报，今天注塑机生产了多少个口红盖，产生了多少次品，消耗了多少物料，下一个工种再去领这个纸单去转移。所以，如果我们集团端的愿景是柔性制造，但生产端却是这样的技术状况，明显这两个情况是不匹配的，那应该怎么去做呢？这是我们开始思考的一个问题。

我们的理解是，过去的数字化的定义是比较单一的。很多所谓数字化仅满足了线上化，或者把数据从生产作业环节提出来，放在本地数据库，或者像今天的放到云端。这个我觉得确实是数字化的重要的一步，我们得先有数据，但更重要的是拿来的数据可不可用，是不是真正称得上数据资产？越来越多的大型客户找到我们，我们到生产现场以后发现他们过去投资了海量的成本，去做设备的改造，去做生产的无纸化，每天有几十个 G，甚至上 T 的数据进入本地或者云端的数据库，但是当我们细看它的数据时，发现数据的存储和质量不高。就像当年我们做第一个公司时，我们想去预测一个设备的停机时间，但发现设备过去一年的停机样本数据的标注是错的，用错误的数据去训练一个模型，自然跑不出结果。

所以，就落到了我们对数据的另外两层要求：第一个是结构化，就是数据的定义是可被感知、可被定义的，比如我们和麦当劳合作，它有两个工厂，两个工厂可能用了两个不同的系统，如果用的是以前自己开发的一套软件，或者说使用传统产品化的软件，两个软件交互实施的过程中，它没有在数据层面去做好定义，那 A 工厂可能叫产量，B 工厂叫产能，其实它们说的是同一个事情。但是当我们要做两个工厂的协同作业，比如在来一个订单后，分多少给 A、分多少给 B 这个过程中，我们其实根本没法去利用 A 工厂和 B 工厂的数据，它的数据是非结构化的。

第二个叫关系化。我们创立黑湖科技时其实也遇到过很大的挑战。2017 年的时候，业内的一些客户问我们：你们在解决的这个问题是怎么落到 MES 的？我们就去研究 MES 到底是什么意思，看了以后就发现国内的定义不统一，有底层的自动化厂商（卖设备硬件的）往上开发软件，说他是 MES；也有 ERP 厂商开始往下去延展，开发一些软件，说这个是生产线管理系统。我们越看越糊涂，就请教了几个在美国的大学教授，他们把我们指向了当时德国一个研究院发布的 ISA95 的白皮书。研读了这个白皮书后，我们大体清楚了业内正统的 MES 定义。其有九大功能，包括生产排程、任务管理、质量管理、物料管理等。但它还是没有回答我们的一个问题：底层的数据到底有什么样的关系，比如生产执行和质量管理，在生产过程中，质量这边应该触发怎样的任务去做质检，或者出现问题时这边应该去做什么样的响应？底层数据还是没打通。

后来，我们就觉得也许在过去的那个年代，工业软件，包括之前的ToB软件，大家对软件的设计是靠功能来定义的，因为客户需要的是流程匹配，就基于这个流程去开发功能，所以有十大模块或者九大模块，因此有这个软件。但是这个设计思路却忽略了一个问题：我们开发了一个又一个的功能，而底层数据的关系却没有建立起来。要去做数据分析，就是一个最大的问题，比如A产品线的次品率突然升高，那么我心中可能有N个假设，可能是原材料出了问题，可能是这个设备的参数调试有问题，或者是别的什么原因。在数据没有产生关联的情况下，只能通过系统识别到问题，然后再线下开会去解决，最后就变成互相踢皮球，不了了之。

在黑湖科技的定义里（看了很多工厂软件以后，我们发现传统软件并没有回答这个问题），我们索性摒弃了传统的对于MES的定义，开始思考在当下这个时代要完成生产线上的协同、效率提升和柔性制造，我们应该定义怎样的数据模型，然后在数据模型上再开发功能。当时我们跑了100多家不同类型的工厂（2018年年底之前），抽象出一个模型，把生产线分成了生产、质量、物料和设备4个大的业务板块，它基本上涵盖了除产品设计外在专业线上发生的所有活动；水平层面，我们把每个板块切为规划、执行和数据利用（数据分析）3个数据阶段，4乘以3，形成12个矩阵，矩阵里面每一个数据节点就会产生1度或最多两度的联系。在2018年，我们这个架子没有体现出来，但是到了今天，我们开始思考，工厂要去做数据分析，要利用这个数据把供应链上下游打通去协同的时候，数据之间的关联就会奠定协同作业的基础。总结起来讲，就是我们要去完成自己的数字化。

数字化不是单纯把机器设备的数据采集出来。我们去了一个工厂，他们装了100多个传感器在单一设备上面，这个设备每天产生的数据服务器都存储不了，还要定期删除数据，但大家还说这些数据对业务没什么帮助，存在那儿就结束了。所以我们觉得，它一定要沉淀下数据资产，可能今天我还没有想清楚应用场景，但在未来某一天我可能要去训练 AI 模型的时候，那么这些数据就是可用的，而且是非常重要的。所以我们认为数据要具有线上化、结构化和关系化这 3 个特征。当具备这 3 个特征的时候，数据才能驱动转型。

转型有几种方式可以达成：第一是我们实时能看到这个数据，数据能分发到人，协同效率提升了。不像以前我们在工厂看到叉车一直在那转，看到哪里有货就去取，无序地作业。第二就是我们可以让数据可分析，因为过去很多工厂都会去请精益咨询顾问，其实他们做的第一件事情就是统计数据，但精益制造的理念反而不是一蹴而就的，它一定在持续不断地改变。我们希望把数据分析能力赋予每个工厂，每个工厂都有很有经验的老师傅，他们基于数据所做的自我改善的决策也许比外面的顾问更优。第三，目前的数据分析还是要人去做，然后再由人去执行，未来当数据积累到一定的量，就可以做自动化决策，因为随着数据量级越来越大，人脑的处理能力会弱于机器，如果计算机能参与到整个模型的训练和识别过程中，将大大地提高效率。就像我们这个供应链，我们收集到海量的上游玩具工厂的制造数据后，当接了一个个性化玩具的订单时，比如电影《花木兰》比较火，我要制造一个花木兰玩偶出口英国，他们非常在乎产品的质量，此时我们应该把这个订单分发给哪一个工厂，才最有可能达到低成本、高质量这个目标——进行这类数据分析，其实机器的决策比人脑更准确。但目前我们认为国内大多工厂连第一步的数字化和数字化驱动的协同效率提升都还没有完成，分析和自动化决策是未来的几步。

回到黑湖科技的认知层面，我们认为有更顺利的一个数字化路径。传统的工业软件有什么问题呢？我们也做了一些研究，发现其实很多强调的是管控。但是在当下这个时代，工人们大多是 90 后，甚至还有 00 后，大家的主观能动性是很强的，他们也希望去解决一些问题，寻找个人的成就感，而不是单纯地领计件工资。传统工业软件管控的模式（当然也受制于传统的开发框架），是基于国外的最佳实践开发一个软件，让中国企业去效仿国外，先做自我变革，然后再上软件。传统的工业软件有以下三个特征：

第一个是强管控、弱协同。管控重点在于定规则和遵守规则，而协同是实现每一个节点大家能发挥价值的逻辑的改变，就像高铁和绿皮火车的差距一样，绿皮火车前面有一个发动机带着一串车厢跑，而高铁每一节车厢都自有动力，大家一起往前跑。

第二个是重流程、轻分析。因为传统的软件会提自己是什么行业版，比如这款软件是和宝马、奔驰合作做的汽车行业的软件，那这个流程对其他汽车企业来说是最优的，如果你的流程和这个软件的流程不贴合，那你要先改造。但是流程匹配以后，这些软件的分析能力却不够强，仅完成了数字化，却没有完成结构化数据的积累，当我们去分析这个数据的时候，没有可用的数据资产。

第三个，在整个工业数字化过程中（未必是工业软件），大家通常会有一个思维定式，可能过去很多企业家希望把钱花在看得见摸得着的东西上，软件看上去太虚了，它就是一堆代码构成的。过去国内所说的数字化转型侧重于自动化，即设备取代人，比如上自动化的生产线和机械手臂、AGV、物流小车等，如果说底层的这些自动化系统替换的是执行层的工人，那么软件要么赋能，要么替换中层管理者。因为中层管理者扮演着信息传递、分发、执行、判断这些角色，他既不是制定策略的，也不是做具体执行的，但很多时候如果过分地依靠人去做中间的这些事情，效率会比较低，于是软件开始被越来越多的工厂重视。随着数据的积累，让数据和软件做管理比让人做中层管理更加高效。这是软件和自动化的区别。虽然过去数字化的特征是重硬件、轻软件，但今天我们也看到工厂在意识层面有了很大的转变，开始下决心在软件和数字化层面做出更多的投资。

在传统的管控模式下，典型的信息流动方式为：订单驱动生产规划，然后每一个业务板块上传下达，各个层级向下分发任务。这个模式的问题在于，执行层一旦发生什么问题，它的整个信息传递的周期非常长，不利于我们及时去识别和解决现场的问题。在传统作业模式下，做标准化制造是没有问题的，因为整个流程非常固化。随着产品变得越来越非标，比如我们服务的一个客户，其上游的各种果酱、奶粉、咖啡豆生产线都在用我们的系统，每个月会推出不同口味，在市场上保持竞争优势，对生产的柔性要求非常高，如果仍用一个僵硬的生产体系，整个生产作业的效率将非常低。

为什么在当下这个时代要提高协同效率呢？过去工厂上了ERP或者MES软件，但这种系统是一种数据汇报式的系统，大家每天收集纸单，或者线上装各种扫码枪、FRD等，管理者每天可以看到产量、次品率、物料浪费等，但这是不够的。在真正高效的工厂，数据应该是上传和下达同步实时发生。过去在生产线上很难有一个载体能让数据下达到每一个工人、机器设备操作者手中，甚至有些工厂装工业软件就是在车间的某个角落放一台计算机，再将数据打印成纸单分配到现场。当数据固化到纸单上，它就不是实时同步的数据了，比如生产线上某个次品率升高，质检员这时候应该及时产生一个紧急任务，过去的工业软件是达不到的。而在创业过程中，我们看到了物联网、个人手机、平板、可穿戴设备的普及，我们可将信息推送到每台机器、每个工人，每个人的产能、效率也能得到统计，真正使上传和下达的数据在同一时间发生，这才叫协同。所以，我们认为工厂实现协同、柔性化制造的基础设施投入一定是必需的。

过去我们走访了许多工厂，发现国内有些工厂对数据分析的理解就是搞一个大的看板放在车间，一年四季基本上没有什么人去看，有领导或客户来参观时偶尔会打开一下。但是真正的数据分析需要人和数据互动，分析数据是为了探索问题的原因，从而去解决这个问题，进而变得更好，不断实现自我优化。所以，看板只是数据分析的第一步，往后还是需要人和数据发生互动：看到一个问题，再去验证关于问题的假设，进而否定假设，最终锁定导致这个问题的原因，从而去解决问题。智能决策是未来更大的愿景，当数据足够多时，很多判断可以由计算机替我们做一些辅助，或由计算机替代我们做判断。

黑湖科技定义的协同分三个场景：第一个是工厂内部的协同。工厂内部分不同的车间、工种、部门、层级，怎么打通它们之间的数据壁垒，让内部的作业效率得到提升呢？黑湖科技据此推出了黑湖制造和黑湖小工单两个产品，前者针对中大型客户，后者针对小微企业。针对小微企业的其实就是一个基于小程序、个人微信、低代码的平台——这是传统的数字化，但协同效率得到了很大提升，把协同往前推进了一步。

第二个是集团内部的协同。比如华润三九，因为制作感冒冲剂的药材种植在四川、安徽，药材收割以后在安徽和江西提取成液体和膏剂，再把液体和膏剂运去深圳观澜基地的工厂烘干成粉末、包装，最后发向全国各地。一包药品的生产跨越了不同的省份，不同的工厂和车间。单个工厂不是孤立的存在，我们要把这些工厂连接在一起。当我们获取了工厂内部的数据以后，协同确实可以提升单工厂的效率和柔性程度。整个供应链是一个整体，当我们去响应一个客户的个性化需求时，也离不开和上游供应商的协同，甚至在峰值时期要和外部的工厂去协同，这些事情该怎么协调呢？关键在云端。

过去大家对云端持有怀疑态度，尤其在 2015 年，那时候听说工厂上云，大家基本上觉得既不安全又不可靠。但到今天，不管是国家法律（如《数据安全法》）对用户数据利用的保护条款，还是云计算厂商对数据安全的投入，都致力于确保数据上云的安全、可信。黑湖科技的客户中，早期可能只有两三成愿意上云，但现在大到国有企业、中央企业，小到造玩具的小工厂，基本上有七成的客户会接受云端的协同。云端的数据安全顾虑被打消了，很多工厂就开始探索整个集团内部的协同，比如华润集团。

第三个是集团外部的协同。比如我曾拜访过的国内一家非常大的做易拉罐的客户，他们以前就是跟随每一个品牌（如可口可乐等）建厂，别人在哪生产，他们就在哪建厂。所以很多工厂也开始思考，未来怎么连接我的上游供应商、外协工厂，而不单单是在集团内部做变革。那未来整个工厂是延续过去的模式，还是采用软件、技术服务（黑湖科技提出软件通过租赁方式去使用的，用多少流量就收多少费），工厂也在思考一点。未来可能不是我自己通过销售去接订单，而是有很多人找到我，那我怎么提供个性化的制造服务，到底是用成都工厂还是福州工厂呢？这些话题就变成解决集团内外部协同问题的关键。黑湖科技和麦当劳的合作就是一个典型案例。麦当劳的每个工厂都是独立法人，有的工厂在中国，有些甚至在越南，还有些在墨西哥等，多个工厂上了协同系统以后，下游的品牌要能够有力驱动上游的工厂之间的协同作业，这样整个产业带的效率才可以得到提升。

还有一个有意思的事情，在2020年3月新冠肺炎疫情期间，口罩很紧缺，我们一直以为当时是缺口罩工厂，但实际的情况是很多民营企业已经采购了很多口罩机，可口罩厂的产能没有被利用起来，因为大家缺熔喷布。那时候，黑湖科技上游已经有三四家喷布制造工厂，然后大家就迅速对接产能，生产制造在云端就连接了，下游下多少订单，上游就提供什么规格的布料。这就是我们对产业互联网在三个场景协同的理解。

以上就是我们定义的黑湖制造模式，即12矩阵，从规划到执行，再到数据利用。我们也在尝试把这个系统沉淀为一个类似数据中台的产品，因为黑湖科技是一个产品化的公司，有很多场景我们没有精力、资源去覆盖，但是我们有这部分数据，或者帮工厂积累这部分数据，工厂就会把这些数据对一些第三方开发者或自己的研发团队开放，让他们在这个平台上延展出更多有效的应用。就像苹果手机，它本身有一些核心应用，比如打电话、发邮件，但在苹果商店里有各种基于苹果手机的这种特性传感器的更深度的应用。

三、本质上都是过程模式

灰色地带，生机勃勃；理性的边缘，动荡不定。这一过程并不必然带来卓越，但卓越差不多都是这么来的。战略上的自以为是，只会造成自我的误导或局限。我们不能制定一个战略，然后就认定它是正确的，然后就去解决所谓的执行力的问题，如果结果不理想，就说是没执行好。这种规划模式其实是一种"强为"，而事实是，很多时候强为是没用的。马斯克聊到 PayPal 时说[①]：创立 PayPal 最重要的领悟，来自它的诞生过程；我们原先打算用 PayPal 提供整合性的金融服务，这是个很大、很复杂的系统；结果，每次在跟别人介绍这套系统时，大家都没什么兴趣；等到我们再介绍时，系统里面有个电子邮件付款的小功能，让所有人都变得好有兴趣；于是，我们决定把重点放在电子邮件付款，PayPal 果然一炮而红；当初要不是注意到了别人的反应，做出改变，我们或许不会这么成功；所以，搜集回馈很重要，要用它来修正你先前的假设。

过程模式包括积极的试错，做错了比什么都没做要好，因为那是在进展而不是停滞。战略发展内在地包含着这类探索。正如亚马逊公司创始人贝索斯所言："要冒险，要敢于冒险，如果你选择的领域不需要你冒险，那么这个领域已经没什么可做的了，很多的想法已经被别人实践过了，而且做得很好，所以，你可能要选一些看起来不会有结果的方向，要接受自己的创业很有可能只是一场实验，有可能会失败，没关系，这就是冒险，亚马逊至今都在不断冒险，我们鼓励员工冒险，也积极对待失败，失败会帮助公司成长，

---

① 资料来源：搜狐网。

想要大步成长就一定需要惨痛的失败。"

例如亚马逊的 Marketplace，它是一项第三方平台销售业务，它让亚马逊更加接近"Everything Store"，大大丰富了亚马逊的产品种类，目前已经占到亚马逊销售额的一半，同时是亚马逊的主要利润来源之一。但早在 1998 年，为了和 eBay 竞争，亚马逊推出了 Auction.com，后以失败告终。贝索斯不甘心，随后又推出了让客户用固定价格销售产品的 zShop，依然没有成功。经过数年的摸索和试验，亚马逊才推出第三方销售平台和寄售模式。这其实是一个价值十亿美元的经验。

战略发展的过程模式和过程意识，可以解决很多问题，包括避免很多无谓的问题以及情绪和心态上的问题。吴宵光（1999 年加入腾讯）2015 年 5 月在腾讯大学活动的演讲中分享完腾讯公司的发展史[①]以后，说了这样一段话：今天回过头来看，很多东西很清晰，但在当时看不清楚，走了很多弯路，吃过很多亏，所以这些东西某种意义上也是学费。当你经历过这些以后，你就会很坦然地做今天的决定；当你没经历过的时候，你的心态就很难平衡。看清楚哪些东西自己能干好，哪些东西自己干不好，哪些东西应该给别人干，如何帮助别人，这些心态慢慢捋顺以后，腾讯的战略越来越清晰了——专注做"连接器"和内容产业。

有些公司还将这种过程模式落实在公司的组织上，例如腾讯公司甚至有一个专门的职位——首席探索官（网大为）。科氏工业集团有一个中心小组，被称为科氏股权发展部（Koch Equity Development），该部门直接向查尔斯和其他高管报告，它的运营更像一个高级智库，评估潜在的交易，有时以

[①] 1998年早期QQ，抓住核心功能点；2000年靠无线增值业务赚得第一桶金；2003年推出互联网增值服务；2004年进军网络游戏市场；2004年发力媒体&广告业务；2005年布局WEB2.0，推出Qzone；2005年推出搜索+电子商务，如SOSO、拍拍；2005年第一次组织架构变革；2009年开启PC产品无线化；2011年在生死关头推出微信；2012年第二次组织架构调整；2012年全面无线化+电商布局+投资；2014年专注核心业务+剥离长链业务。

10～15年为一个时间范围。公司在科氏化肥（Koch Fertilizer）和科氏矿产（Koch Minerals）等业务部门也设有小一些的发展小组。这些小组不停地考察各自相关行业的情况，寻找可能的潜在交易，并将信息反馈给中心小组。科氏工业集团每年要花大约1亿美元支持这些发展小组的研究。每当进入一个新行业时，公司都会制定战略并耐心地坚持。例如10年前，科氏在化肥行业里还不起眼。后来，它实施了一系列低调的投资，让自己成为美国第三大化肥产品生产商和销售商。如今，科氏工业集团在全球食品体系占据着关键位置，并以此位置作为据点，加大了对农业企业的投资力度。

战略制定的两种基本模式（规划模式和过程模式）本质上都是过程模式，区别只在于可以把规划这种人为模式提前一些。企业战略发展整体上是一种过程模式，而规划模式只是过程中的节点性和局部现象。战略发展是对已经创造和识别出来的战略性机会进行的加强与加速型发展，以及重点发展。看准了，并着力将其实现，即为战略发展。过度规划是一种错误。正确方向的确定来自一个探索的过程，只是有些企业家在创立企业之前就大致完成了这种探索。过程的战略性，并不否定对事物的预判，只是这种预判不应被作为结论，而应是考察真相或进一步考察的一种技术性手段和方法。新业务的生长都有一个"地下"的过程，因此需要"先见"和"先入"；等趋势明朗后再进入就已经晚了，因为那说明已经有企业长出头了。

企业的生长应包括积极和充分的自然生长，包括对生长潜能的充分挖掘和释放；其中也会有失败和挫折[①]。现实是自然规律与人类理性共同作用的结果。商业世界是演进的（但非线性演进），企业与之共演，而认知参与其中。认知，也是以演进的方式发展的，包括某个时点上的某个意识的突然出现。

[①] 失败和挫折可能会给我们带来更深刻的领悟，而成功除了让我们收获成功本身之外，再一无所获。

第三章 战略发展让卓越企业脱颖而出

企业应该是一块战略性生长的土壤。随着商业世界的复杂性的增加和演进速度的加快，获得清晰的、确定的洞见的难度越来越大，准确预见未来的可能性越来越小，我们必须重新思考战略发展的方式问题。

奈飞公司联合创始人马克·伦道夫说：优秀企业家和平庸企业家之间的区别并不在于他们的想法有多厉害，而是他们能很聪明并有创意地想出快速、简单且低成本的方法去测试他们的想法是否行得通。几乎没有，事实上从来没有任何一家企业是从他们的原始想法直接成功的，关键在于你必须去做，你思考的时间越长，浪费的时间就越多。他们正在努力设想"我能看到拐角处吗""我能想出办法吗"，更糟糕的是，创业者们的脑子里净想着一切是很安全的、很温暖的，他们可以创建这些东西，可以把它们变成跨国公司。他们可以想象，当全世界都在使用这个App的各种美好画面，却没有一开始花时间去思考如何让人们开始使用这个App。唯一的办法就是你必须去做，你必须说"我就这样开始吧""就这样在半桶水的状态下开始"，放下所有的傲慢，放下所有认为会发生好事的感觉，只管疯狂地去做。

站在原点上看，所有的战略性机会都是被创造出来的[1]。我们需要对规划模式保持警惕。"生长 + 规划"，这是一种高级理性；规划占多少成分，取决于认知。我们无法预见我们意识中还没有的东西[2]。对于那些没有创造力的企业而言，其实根本谈不上什么战略，最多是偶尔押对了一两次市场或行业发

---

[1] 引用贝索斯2018年《致股东信》中的一段话对此做注解：没有用户喊着要Echo，这绝对是我们"闲逛"的产物。市场调研是不管用的。如果你在2013年问大家："你需要一个跟小品客薯片盒大小的圆柱形黑盒子，把它放在厨房跟你聊天和给你播音乐吗？"我敢说大家都会像看智障者一样地看着你说："不了谢谢，我还有事，先走了……"从第一代Echo计算，用户已经购买了超过1000万台Alexa设备了。去年我们将Alexa理解请求和做出回答的能力提升了20%。同时我们为Alexa增加了数十万事实性知识来让它变得更博学。开发者们让Alexa的技能数量翻倍，超过了8万个。2018年和2017年相比，用户和Alexa的交互次数增加了100万次以上。现在已经有超过150个产品内置了Alexa，从耳机、PC到汽车和智能家居，还有更多的设备在路上！

[2] 例如在英特尔的微处理器、微软的操作系统和IBM的PC机推出前，我们不会想到一个PC时代的到来；在苹果的iPhone推出前，我们不会想到一个移动互联网时代的到来。再比如，在汽车没被发明的年代，人类只能想到更快的马车，也无法预见汽车时代的到来等。

战略性生长——该如何经营企业

展机会罢了。理论上，企业创造出来的战略性机会才是自己的战略性机会。企业，亦是一个历时创造和历时实验[①]过程，是人类实践过程的浓缩和一种高级形式。企业发展，本应是一个在自然生长过程上叠加进一步的商业理性的过程，是一个包含战略发展的意识和战略性成分的自然过程。企业经营，应该是一个始终保持战略发展意识的过程，是一个自然与理性交织的过程。

过程的战略性属于战略发展。战略性不是对自然选择的排斥，恰恰相反，其包括对自然选择的借重。自然选择是最高维度的评判性力量，战略本就不该过于刚性。过程模式的战略发展也意味着企业需要将自身和内部每一个主体设计为这种模式的战略发展单元。基于过程的战略性发展的企业，也总是在不停地定义自己，或者说刷新对自我的定义。企业最充分的战略发展应该是一种全过程、全系统和全员的战略性发展。

[①] 包括发现规律和排除不相关的可能性。

第四章 主观能量态决定论

第一节　背后的塑造力

一、企业是一种主观能量态的产物

埃隆·马斯克说：有能力吸引和激励卓越的人才，对公司的成功来说至关重要。因为公司本质上就是一群人，他们被组织起来，去创造一个产品或服务，这是一家公司的核心目的。人们有时会忘掉这个基本事实，如果你能吸引卓越的人加入公司，朝着一个共同的目标协同工作；同时，你又能在驶向目标的过程中做到追求完美不妥协，最终你会做出一个伟大的产品。有了伟大的产品，自然会有很多购买它的客户，这样的公司就会获得成功，其实非常简单明了。

乔布斯说：你必须对你做的事充满激情，这完全正确，因为事情困难重重，如果你没有激情，任何理性的人都会放弃，真的很难。而且你必须在一段时间里持续做这件事情，如果你做这件事没有乐趣，你不是发自内心地热爱它，你肯定会放弃的——实际上，大多数人都会那样。如果你认真观察世人眼里的那些"成功者"和那些没有成功的人就会发现，那些成功的人通常热爱他们做的事情，所以他们能在艰难时刻坚持下去，那些不热爱的人就放弃了——这是当然的，因为他们是理智的。如果你不热爱它，谁会忍受这些艰难、需要做很多艰难的工作、会有很多需要担心的事情？如果你不热爱它，你会失败，所以你一定要爱你所做的，一定要有激情[①]。

贝索斯说：不是简单地满足你的客户，而是要让客户获得极致的满足，这是第一位的，不管你面对的客户是谁。激情，你要对自己从事的行业充满激情，不然的话是很难和行业里充满激情的人竞争的，他们会提供比你更好的产品和服务。不要唯利是图，要有使命感，使命感会帮助你做出更好的产品和服务，唯利是图的人一心想着赚钱，但事实往往是相反的，有使命感的人才能赚到钱；你要找到自己真正有激情的东西。

星巴克前 CEO 霍华德·舒尔茨在一次访谈中谈道：2008 年，星巴克陷入了困境。星巴克的发展和成功掩盖了错误，公司出现了致命的病症，也就是傲慢。我们几乎失去了整个公司。摆在我们面前的问题非常重要，即我们能否足够信任我们的员工，把我们掌握的所有信息都告诉他们？这样他们就能共同理解我们所面临的真正的挑战是什么；另一方面，如果我们不和他们分享的话，我怎么能向他们提出要求呢？如果他们不了解整个情况，那该有多可怕！我本能地知道，我需要与他们分享 100% 的真相，而且非常透明和细致。这改变了公司。

企业是人创造和塑造的，是一种主观能量态[②]的产物，是以企业家精神为意志的意志和表象世界。企业家精神和意志力是企业的主要构成和根基。人类所能取得的成就取决于主体对对象世界的作用，而对象世界是一种客观存在，因此，对个体而言，变量其实仅是他作为一个主体的能量（的发挥）

[①] 我更想把乔布斯的最后这句话改为：所以你一定要是爱你所做的，一定要是有激情的。因为对一件事情的爱和激情只有当你真的有的时候才会有，不是可以人为赋予的。乔布斯是因为站在自我的角度说这句话，或者说，他也是在说自己，所以才没有顾及这层意思，因为他"是"。

[②] 或者说企业家精神。它差不多等于哲学家阿瑟·叔本华的《作为意志和表象的世界》一书中的"意志"。它是一种由主观和纯能态构成的意志力，其作为存在并不受限于时间和空间。

和局限性。每个企业（家）所能取得的成就其实也是注定的。企业所能达到的层次和规模都跟人相关，跟（参与）塑造它的那些个人的主观能量态相关[1]，跟它的主观能量态的能级有关[2]。主观能量态，是创造和推动事物发展的基本力量。正是乔布斯以他那"现实扭曲力场"般的主观能量态，将苹果公司带到了一种前所未有的高度。

沃伦·巴菲特（Warren E. Buffett）说：你要激发周围的人的最好的一面，这将带来巨大的红利。美国奈飞公司（Netflix）创办人小威尔蒙特·里德·哈斯廷斯（Wilmot Reed Hastings）说：我们意识到我们最看重的，甚至比成功更重要的，是真正有才华的人一起高效地工作。那种因卓越而带来的喜悦无与伦比。当然，如果你拥有了这种与优秀人才共事的喜悦，那你大概率也会成功，所以这两者是相辅相成的。但最核心的是拥有密集的人才。曾经，我们不得已裁员 1/3 后，也就是从 120 人降到了 80 人，我们原以为基本上会陷入瘫痪，以为无法推动任何进展，因为保持基本运转就需要 120 人。但实际上，我们只用 80 人完成了更多的工作。我们试图找出原因，我们意识到没有拖后腿的人，团队中每个人都走得更快了，一切进展很好。因此，我们意识到在人才密度合适的情况下，几乎不需要什么过程，这是令人愉快的事情，所以就像一开始说的，我们每年裁员 1/3，这是关键。

二、企业家是这种塑造力的核心

主观能量态是企业系统真正最底层的塑造力，是企业的"干细胞"，企

---

[1] 物理学并不能完全解释企业这种现象。在物理学世界里，能量是守恒的；而企业并非一个能量守恒系统，否则，它就不会具有社会增值功能。我们需要弄清楚这种不守恒是什么，以及新增能量的来源。

[2] 主观能量态的能级更接近于企业的能级。站在这个角度上，就很容易理解那些传统的"大象"级企业为什么会被一些新锐企业所淘汰。

业家是这种塑造力的核心①。主观能量态是企业家和企业这类主体的本体和基础性构成②。企业家精神就是一种作为企业家的主观能量态，企业则是企业家精神的外化。没有那些企业家，那些企业都不会是它们所是的样子，或者根本就不存在。每家企业都会带有它的创造者的性格特征。企业家建立起企业的产品基础、业务架构和公司架构。我们来看看马斯克及其创立的几家公司截至目前的发展过程③，就更能明白这一点。

马斯克1971年出生在南非，他的原生家庭还是挺富裕的。他的外公是一个加拿大的探险家，他的母亲是模特，父亲是电动机械工程师，所以马斯克一出生就拥有了优质的基因。由于父母频繁的工作变动，马斯克一家经常搬家，这也导致马斯克不停地转学，光是小学就读了6个不同的学校。马斯克一直是班里最小的学生，经常受同学的欺负，让他很难交到朋友，但好在他找到了一个寻求安慰的地方——书。孤独的小马斯克整日沉浸在书的海洋里。随着读的书越来越多，他发现很多高新科技的发源地都在美国，这让他对美国这个国家更加向往，从那个时候起，硅谷就是他心中的神话之地。

马斯克从小就跟大多数天才一样，喜欢捣鼓各种发明实验。六七岁的时候就可以通过书本上的知识自己搞炸药、搞火箭。童年时家庭和学校的环境，也导致马斯克的性格有点孤僻，总是喜欢一个人静静地思考世界。但天才就是天才，天才不会因生活的挫折而放弃自己的理想。马斯克的理想就是拯救人类文明。他小时候就喜欢看科幻小说，尤其是《基地》和《银河系漫游指南》对他的影响特别大。从小就对星际飞船、火箭这些东西特别感兴趣。同时，他也觉得人类文明在未来会遭到重大的危机，而他则是那个可以

---

① 也是企业盛衰成败的最大的原因。
② 企业本体是一个集成的主观能量态；主观能量态集成是企业管理的一个重要课题。
③ 资料来源："明月孤鸿"视频号。

第四章　主观能量态决定论

拯救人类命运的人。

在他 10 岁那年（1981 年），马斯克有了人生中的第一台电脑。马斯克很喜欢玩电脑游戏。聪明的他也意识到，如果能设计一款电脑游戏并把它卖掉，一定可以挣很多的钱，那样就有钱买更好的电脑，玩更好玩的游戏了。于是他通过看书来自学编程。在 12 岁的时候，马斯克自己设计了一款名叫"blastar"的太空主题游戏，并且把这款游戏卖给了别人，赚了 500 美元。原本他还打算跟弟弟租个游戏厅，继续投资赚大钱，但是因为年纪太小，被父母拒绝了。很无奈，他的第一个商业计划就此夭折了。不久后他的家庭出现了变故，他的父母离婚了，马斯克的抚养权被判给了父亲，但据马斯克说他的父亲也是一个恶魔，并使他在情感上曾很受伤害。

高中快毕业的时候，原本他打算去美国念大学，但是当时南非正处于动荡时期，想去美国念书没那么容易，还好他的母亲是加拿大人，可以使他更容易获得加拿大国籍，他可以先申请去加拿大读书，然后再找机会去美国。于是，就在 1988 年 6 月，17 岁的马斯克毅然决然孤身一人登上了飞往加拿大的飞机。到了加拿大，他身上一分钱都没有，因为他父亲不同意他来加拿大读书，所以决定不给他任何经济资助。身无分文的马斯克只能白天打工，晚上住青年旅馆，给人种菜、烧锅炉、搬砖头，反正只要能挣钱，什么脏活累活他都干。就这样熬过了一年，马斯克顺利拿到了皇后大学的奖学金，进入了大学生活。此时他的弟弟也来到了加拿大，跟他上同一所大学。

在皇后大学念了 2 年后，马斯克转学来到美国宾夕法尼亚大学沃顿商学院攻读经济学。他一直都认为只有到了美国才能实现自己改变世界的梦想。在读大学的时候，马斯克就意识到，互联网、清洁能源和太空探索 3 个领域，将会在未来深刻影响人类的发展。在取得经济学学士学位以后，马斯克又留校 1 年，拿到了物理学学士学位。在美国读大学期间，每年暑假他都和弟弟一起去硅谷实践。白天在品尼高研究所研究超级电容，晚上就跑到火箭

战略性生长——该如何经营企业

科学公司开发游戏软件。1995 年，24 岁的马斯克进入了斯坦福大学，攻读材料学和应用物理学博士学位。他的目标本来是一边在斯坦福大学深入研究电动车的储能技术，一边观察互联网的发展。所以他去了当时唯一的一家互联网公司——网景通信公司，希望能找到一份兼职，但是被拒之门外。马斯克心想，既然我找不到一份关于互联网的工作，那我就自己创建一个公司吧。于是在入学后的第二天就决定辍学去创业了。

当时正值 90 年代中期，互联网兴起，马斯克感觉到新世界的大门正在向他敞开，他认为在学校继续读书就会错过这个机会，便立刻给在加拿大读书的弟弟打电话，说他要成立一家互联网公司。他弟弟二话没说，立刻就飞到了硅谷。他俩一共凑了 2000 美元，租了一间廉价的办公室。由于手头资金太紧张，俩人吃住都在办公室，洗澡都得去蹭健身房的淋浴室。他们成立的公司叫 Global Link，这个公司的业务就是帮企业把信息标注在地图上，然后再转到网上（有点类似于现在的大众点评和高德地图的结合体，现在这种东西已经很常见了，但是在 1995 年，互联网刚刚兴起时，能想出这种点子，并且还能真正做出来，已经非常不容易了）。哥俩经过几个月的努力，业务发展得非常快，终于拿到了 300 万美元的融资，公司从此改名为 Zip2。后来由于马斯克和董事会的意见不合、发展理念不同，公司运营上出现了分歧，正好赶上当时的计算机巨头康柏想要收购 Zip2，大家一合计，与其一拍两散，还不如卖个好价钱。1999 年，他们把公司卖给了康柏。马斯克作为创始人，分到了 2300 万美元，他弟弟分到了 1500 万美元，这时马斯克才 28 岁。

他就给自己留了 400 万，其他全部投到下一个项目——网络银行 X.com。由于积累了互联网创业经验，马斯克更清楚地认识到以后金融行业肯定要走向互联网，于是便果断决定开一家网络银行。这哥们儿在 X.com 又干出了两个惊人的壮举：第一个是裂变式营销。为了吸引更多的用户，马斯克用了一套非常新潮的营销手段——用户只要注册就能领取 20 美元现金卡，要是能再推荐朋友注册,还能再领 10 美元优惠卡。第二个是推出了一项让世人瞠目结舌的业务——实时转账,只要在网上输入对方的电子邮件,就可以进行实时转账。现在来看这不算什么,但在那个时代,人跟人交易,要么是现金、信用卡或者支票,要么就是银行转账,而且银行转账一般得几天才能到账,马斯克的产品正式将人类带到了网络支付的时代。

不过,这种东西没有什么专利技术,你干了别人也能干,所以他们很快就遇到了一个非常强劲的对手——康菲尼迪(Confinity)。这哥俩为了抢占市场,开始了一场激烈的战争——烧钱,两个公司烧了几千万后,发现再这么烧下去,谁都不用干了,于是就决定将两家企业合并,合并后的公司还叫 X.com,马斯克是最大的股东,担任董事长兼 CEO。但是没过多久,马斯克又经历了一场危机。由于这两家公司合并后内部产生了严重的分歧,以前的 Confinity 公司的人对马斯克的管理风格非常不满,一直蠢蠢欲动,想要罢免马斯克。2000 年 9 月,正好马斯克和他第一任妻子准备去澳大利亚度蜜月,他前脚刚上飞机,公司这边后脚就召开董事会,把他给罢免了。有人想打电话通知马斯克,但这时他在飞机上呢,根本联系不上。等到了澳大利亚,他才发现自己已经被罢免了,于是就赶紧买了返程的机票,又飞回了美国,但是木已成舟,马斯克也扭转不了局面,只能接受这个现实,成为公司最大的股东。随后公司正式改名为 PayPal。2002 年,PayPal 被 eBay 以 15 亿美元的价格收购,马斯克分到了 2.5 亿美元,交完税还剩 1.8 亿美元,这一年他才 31 岁。

此时的马斯克终于可以追逐自己的太空梦想了。他最初想弄一个火箭向太空发射一个温室,看看能不能在太空建一个自循环的小型生态系统。但研究火箭,一般都是政府干的事,个人想玩火箭,在大家眼里就是人傻钱多,有多少钱都不够烧的,所以他的朋友都劝他千万要冷静,别犯浑。但马斯克像开玩笑的人吗?为了能搞到火箭,他还亲身上演了一场谍战大戏:他最开始的计划是到俄罗斯买现成的火箭，运回美国发射。但要买火箭，这可不是闹着玩的，搞不好要掉脑袋。为了能顺利买到火箭，马斯克雇了一个叫坎特雷尔的特工。坎特雷尔以前是中情局的特工，在俄罗斯呆过很长时间，也有一些关系，他就帮马斯克在俄罗斯联系卖家。马斯克总共跟3个卖家碰过面，前两次他们根本没把马斯克放在眼里，马斯克也觉得不愉快，就不欢而散了。第三次大家喝了一顿伏特加后，终于开始正式谈生意了。马斯克的预算是花2000万美元买3颗没有弹头的洲际导弹，用来当火箭，但对方开价是800万一颗，马斯克寻思跟对方砍砍价吧，结果人家一点面子都没给。马斯克气得摔门而出，直接坐飞机回到了美国。在飞机上，他做出了一个非常不可思议的决定——自己造火箭。

他的朋友听到他有这个想法后都觉他是疯了。为了劝阻马斯克，有个朋友特意给他发了一堆火箭发射失败的视频，想让他知难而退。但是马斯克看完后反而特别开心：你看啊，别人干不成的事我能干成了才有意思，于是便下定决心成立公司开始造火箭。2002年6月，SpaceX正式成立，马斯克自己掏腰包拿出1亿美元造火箭。但是在航空领域，1个亿只是杯水车薪，欧盟的阿丽亚娜5号成本70亿美元，俄罗斯的联盟号成本110亿美元，NASA的土星5号成本350亿美元，所以外界纷纷传来嘲讽的声音。但是马斯克根本就没把这些人的话当回事，并且还给自己立了个小目标：两年之内就要把火箭送上天，之后还要把人送上天。随后马斯克带着他的1个亿和太空梦跑到各大公司去挖人，还真凭着他的三寸不烂之舌找来一大批牛人。其中包括火箭推进器专家汤姆·穆勒、火箭结构设计师克里斯·汤姆森等一大批行业内外的大人物。汤姆森后来回忆时说，他跟马斯克只谈了两小时就意识到，这是一个梦想成真的机会，如果现在不行动，躺在棺材里都得后悔，可见马斯克的场力有多强。现在钱有了、团队有了，就可以安安心心地造火箭了。

但刚一开始就遇到了问题：原本他们计划外包一些重要的火箭零部件，

如火箭推进器、涡轮泵等，但是一看对方的报价立刻就傻眼了，就他手里那点钱，连个火箭推进器都买不起，那还怎么造火箭？于是他便决定所有零部件都自己造。造火箭的难度有多大？苏联从1949年第一颗火箭发射成功，到1957年第一颗人造地球卫星发射成功，整整用了8年时间，举全国之力才完成这个小目标。而马斯克想要在两年之内，仅凭自己的小团队，造出1枚运载火箭的难度有多大，就不用多说了。随后马斯克和他团队的这群科技狂人就开始拼命干，别人要干几个月的活，他们一个星期就要干完；别人用100万美元做出来的东西，他们用10万美元就要做出来，不管遇到什么困难都必须攻克。在马斯克眼里就没有干不成的事，只要有问题就全都能解决，如果你说解决不了，那下一秒你就被炒了，紧接着马斯克就把你的工作拿过来自己干，而且干得比你还好。那段时间，这群科技狂人每天工作将近20个小时，几乎全年无休。终于在3年后成功研制出了猎鹰1号，并最终确定在太平洋的一个小岛上发射。

2006年3月24日，凝聚着团队全部心血的猎鹰1号在发射指令下达后点火发射，但是升空25秒后就发生了意外，燃料泄漏、引擎故障，火箭失去控制掉了下来，辛苦奋斗几年的成果彻底报废了，所有人都非常失落。这时马斯克站出来安慰大家：大家千万别泄气，那些发射成功的人也都是一路捡着火箭残骸挺过来的，不是吗？飞马火箭发射9次，4次失败；阿丽亚娜发射5次，2次失败。所以发射失败很正常，咱们继续干，不管困难有多大，必须把火箭送上天，不成功誓不罢休。在马斯克的鼓励下，团队重整旗鼓，经过了1年的改进，2007年3月21日，猎鹰1号进行第二次发射。但这次火箭升空7分钟后又出现了故障，引擎熄火，火箭从监控器上消失了。有了前两次失败的经验，所有人都坚信第三次肯定能成，2008年8月3日，准备进行第三次发射，3年连续三次发射，大家都已经筋疲力尽了，他们把所有的希望都寄托在这枚火箭上，并且这次共带有4颗卫星上天，如果成功入轨，后面还有 3 亿美元的大订单等着他们呢。但是很不幸，第三次发射同样以失败告终。所有人都崩溃了，一次、两次、三次，再厉害的人也扛不住这样的打击呀！这时又是马斯克站出来鼓励大家，别灰心、别丧气，一切都会好的，咱们一定能完成发射。但此时马斯克已经弹尽粮绝了，他那 1 个亿早就花光了。哎，他不是还有 8000 万吗？再投。不是不投，他那 8000 万在同一时期投入到了另一家公司——特斯拉。

  作为特斯拉公司最大的股东，他对特斯拉投入的资金、付出精力，以及因特斯拉遭受的非议、遇到的打击一点不亚于 SpaceX。当时电动车是一个非常尴尬的行业，通用、本田、大众这些汽车巨头，哪家没鼓捣过电动车？这几个汽车巨头哪个不比马斯克有钱，哪个不比马斯克更懂汽车？最后呢，不都放弃了嘛。首先电动车电池技术不成熟，续航就是个大问题，一般也就能开几十公里。出趟远门，没等到地方就没电了，扔半道上你说尴尬不尴尬？其次是电动车在大家眼里那就是老年代步车，外形比较丑，让你花钱买个这么次的车子开出去，你觉不觉得掉价？所以谁都不看好特斯拉。但是对于马斯克来说，你越是不看好他，他就越有干劲。电动车续航不行，那就解决续航问题；外形丑，那就给设计个酷炫的。没过几年，一款惊艳世人的电动跑车就问世了，酷炫的外形，超快的速度，再加上智能化的操作系统，瞬间就吸引了各路"土豪""大腕"争先订购，特斯拉也因此快速走红，收获了一大批订单。但是马斯克还没来得及高兴，又出大问题了，汽车成本核算出了问题。原本生产一辆车的成本核算是 6 万美元，卖 10 万美元还有得赚，结果不知道中间哪个环节出了问题，最后发现成本要 15 万，卖一台亏一台，没办法了，就只能把客户找过来要求涨价。坐地起价，这不是找骂吗？马斯克立刻就被媒体和客户骂得狗血淋头。还是要从源头解决问题，后来发现当时 CEO 能力不行。马斯克立刻把他给炒了，自己出任 CEO，要力挽狂澜。每天在公司拼命工作，累了就躺在椅子底下睡一会儿，睡醒了起来接着干，每周工作 120 个小时。最后特斯拉终于解决了技术问题，降低了成本。2008年 2 月，第一辆特斯拉跑车正式交付。虽然汽车可以顺利生产了，但此时公司资金非常紧张，连员工工资都快发不出来了，更惨的是，又赶上 2008 年国际金融危机，汽车行业遭遇重创，特斯拉马上就要面临破产。

而此时，决定马斯克最终命运的时刻也到来了。2008 年 9 月 28 日，猎鹰 1 号迎来了第四次发射，如果这次再失败，马斯克就没钱再造火箭了，他的太空梦也就彻底破碎了。随着发射指令的下达，猎鹰 1 号腾空而起，所有人都屏住呼吸，死死盯着显示器，马斯克的心脏都快跳到嗓子眼了，1 分钟、2 分钟、3 分钟过去了，11 分钟后猎鹰 1 号成功进入地球轨道，全场瞬间沸腾了。猎鹰 1 号终于在全世界的见证下，成功完成了发射，在场的所有人都流下了激动的泪水。从 2002 年到 2008 年，没人知道这 6 年他们到底经历了多少辛酸痛苦，只记住这一刻他们成功改写了人类历史。SpaceX 成为世界上第一个掌握火箭发射技术的私人企业。

但火箭发射成功，并不代表能解决经济危机，这两家公司还是随时都有可能破产。为了渡过难关，马斯克决定背水一战，他把自己的车子、房子、飞机等只要是值钱的东西全都给卖了，又到处找朋友借钱，有钱的就多借点，没钱的就少借点，最终凑到 4000 万美元，全部投到了特斯拉，这才把特斯拉从破产的边缘给救了回来。没过几天，SpaceX 这边又传来了好消息，他们接到 NASA 的 16 亿美元大订单，这回马斯克又有钱可以造火箭了。

渡过难关的马斯克和他的公司一路高歌猛进、势如破竹。2010 年 6 月，猎鹰 9 号重型火箭发射成功，这是人类历史上第一次由私人企业发射成功的重型火箭。2012 年，SpaceX 成功把龙飞船送入国际空间站，这是人类历史上第一次由私人公司完成的国际空间站对接。2018 年，重型猎鹰火箭发射成功，把一辆特斯拉跑车送入太空。2020 年，SpaceX 成功把两名宇航员送上太空，实现了人类历史上第一次由私人公司完成的载人航天壮举。

马斯克的火箭事业一路高歌猛进的同时，特斯拉电动车同样一往无前。先是在2009年拿下了戴勒姆和丰田的两个5000万美元订单，又从奥巴马政府那里拿到了4.6亿美元的新能源贷款，随后特斯拉推出的model S更是惊艳了全世界，超大的显示屏、超长的续航力、极快的加速度，彻底颠覆了大家心中的电动车形象，很快就成为美国市场上最畅销的车型之一。之后的几年，特斯拉一路高歌猛进，稳坐全球新能源汽车的第一把交椅。2010年6月，特斯拉在纳斯达克上市，市值从2010年的17亿美元一路飙升到现在的7000多亿美元[①]，成为全球市值最高的汽车公司。

除了火箭和电动汽车，马斯克还拥有美国最大的太阳能公司SolarCity[②]，他还要造时速1000公里的超级高铁，他还要发射4.2万颗卫星组成"星链"，给全球提供wifi网络，他还要开发脑机接口，把人们带入科幻世界。

三、作为主体的企业的主观能量态

就个人而言，其主观能量态中的主观，即兴趣、需求、价值观、信仰、思维模式和潜意识等；纯能量态则主要由天赋、知识、经验、技能、基本素质和体能等构成。企业一般要经历一个从个人能量态到系统能量态的转换与升级，即将个人的主观能量态汇聚、集成为更大规模和更高级的能量态。企业整体是一种"个体·企业"的复合型主观能量态。企业的主观能量态与企业的其他资源共同构成企业的整体能量态。主观能量态是企业发展的初始能量来源和进一步发展的引擎。企业家和企业的主观能量态像潮汐一样有涨有落，是一种"潮汐能态"，企业的盛衰生死都是必然现象。

[①] 2021年10月25日，市值升至1.03万亿美元。
[②] 后被特斯拉收购。

大脑的勤奋总是比身体的勤奋更有利于经济和社会的发展。企业发展所能达到的高度和规模，越来越取决于其所能动用（调动和集成使用）的智能的高度和规模。主观能量态强烈的企业，更具生长性。企业之间的竞争，本质上是主观能量态的竞争。企业的完全的客体化（如制度化和机器化），意味着它失去了进一步发展的可能性[①]。失去了强大的主观能量态作为支撑的所谓强大企业，只会是最后的昙花一现。社会发展的新增能量的最终来源，就是个人的创造力潜能总和及其聚集与合作而产生的增强。

企业作为一个主体的主观（或者说意志），即企业文化，这便是强企业文化对企业的意义所在。例如贝索斯从亚马逊成立的第一天起就强调要努力建立起一种强有力的文化，考虑到所从事的生意的竞争程度和非常薄的毛利空间，它首先应是一种提倡节俭的"葛朗台"文化；公司所有的办公桌都是用再生木板做成的，电话号码簿被当作计算机显示器底座，塑料牛奶箱被用作文件夹，开大会不摆矿泉水，等等。这种节俭的做法使公司能够在成长中把钱更多地投向快速扩张经营规模上，而不是把它们花在有形资产的投资中。这是一种以高度紧张和努力工作为特征的文化。这种文化与公司的快速成长共同营造了一个超负荷的工作环境，在这里每个员工都想成功，并都愿意竭尽全力地为成功而努力工作。通过互联网改变人们的购物习惯，贝索斯并不希望亚马逊的文化对每一个人都具有吸引力，相反他希望吸引住的人具有以下特征：事事与常人不同，并且愿意为之付出努力。

强企业文化建设亦包括增加透明度。例如扎克伯格希望员工知道，大家走到一起做这样一家公司究竟为了什么，我们为什么做这个产品、不做那个产品，这些产品有没有碰到什么问题，碰到了如何解决，公司接下去

[①] 因此，企业的制度化程度并非越高越好，这些应该有它的边界。

的发展方向是什么……大家对公司有任何疑问，都要尽可能沟通好，增加透明度，增加彼此的信任感。这种透明度也有利于构建员工的心理安全空间。另外，企业还可以通过增强自身的成功者特质，激发员工的贡献意愿。

社会的社会系统是企业这类主体的基础系统；企业中的社会系统是企业经营的基础系统。领导风格问题、人际关系问题、沟通问题、人员素质问题、组织方式和氛围，以及企业文化问题等社会性问题，不仅是比战略问题、流程问题、体系问题和目标问题等经营性问题更为日常的问题，而且是更为基础和更为重要[①]的问题。企业的社会系统决定企业的主观能量态。主观能量态决定论，也可以说成是"社会系统决定论"[②]。企业需要一个"企业性"的社会系统。社会系统战略，是企业战略的底层部分。

企业有三大基本问题（三个基本维度的问题）：生长性问题、战略性问题和效率性问题。其中，生长性问题和战略性问题的解决完全与主观能量态有关；效率虽然可以通过一些技术手段的加持（如数字化）实现，但这种效率性技术的开发本身也是一种主观能量态的结果[③]。人类社会是无中生有的结果，但可能性是先天存在的，将可能性变成现实的是人类的意识能量，即存在是一种元态，它演变成什么，取决于我们对它的作用与塑造。没有个人的创造性潜能的发挥这一微观过程，没有群体能量态的有效构造，企业的生长就不会产生，企业的生长性就不会提高。

[①] 可长久以来，人们都没有认识和注意到这一点，把管理的重点放在与业务经营直接相关的事务上，这是一个盲区和误区。看到一种现象（如企业中的人们更关注那些社会性问题），如果不能解释，则就容易被忽视和无视——这也是盲区产生的一个原因。换句话说，现象需经由解释才能发现其实质与理论意义，不能解释，其实就是没看懂。

[②] 我认为应该有一门企业主观能量态管理学或企业社会系统管理学，对企业的这种能量态的构成、增强原理及影响因素等进行解析，并为企业的人才管理和企业文化、激励机制、组织模式的设计等提供依据。主观能量态是关于企业的越来越重要的管理维度，因为它更接近于企业的本体。

[③] 在数字技术时代，对企业而言，数字化是一个问题，但未必是那个关键性问题。

第四章　主观能量态决定论

撇开环境因素不说，有什么样的主观能量态才会成就什么样的事业；主观上没有的，就不应该去妄想[①]，不应有不切实际的想法，不能强求，也强求不来。就主体这个因素而言，有些企业注定不会成功，更不可能卓越和伟大；有些企业需要进行"企业家革命"，更换平庸的企业家，当然，这需要它有相应的机制。企业主观能量态的再造是企业再造的前提和基础。

[①] 这也是弗里德里希·奥古斯特·冯·哈耶克的自发秩序模式之所以是有效的，以及自发秩序理论之所以成立的一个原因。

第二节 对人的问题的解决是关键

一、人是主观能量态的载体

《重新定义公司——谷歌是如何运营的》一书的前言中有这样一段话——谢尔盖和拉里创造出一款伟大的搜索引擎并提供其他优质服务的计划其实非常简单：尽可能多地聘请有才华的软件工程师，给他们自由发挥的空间。之所以这样做，是因为他们觉得，要让谷歌茁壮发展并实现看似遥不可及的雄心壮志，只能吸引和依靠最为顶尖的工程师。

《市场推手：纳斯达克 CEO 自述》一书中有这样一些内容——2003 年，因为互联网泡沫破灭，纳斯达克每天亏损 25 万美元，光芒尽失，举步维艰。5 月的春日清晨，是格雷菲尔德成为纳斯达克 CEO 的第一天。他走进位于 50 层的新办公室，并在上午 8 点之前，清退了高管团队的 3 名成员。第一个人进来时，还是上午很早的时段。这人在公司的资历很老，他是旧纳斯达克的一部分。"我们要把纳斯达克带往另一个方向"，格雷菲尔德向他解释，"我们认为，你掌握的技能组合跟我们想去的方向不匹配。我们最好现在就分道扬镳，你还有时间另谋高就。"他大吃一惊。或许他曾想过这事会发生，但格雷菲尔德看得出，他没料到还不到早晨 8 点，新 CEO 就任的第一天，它居然就来了。格雷菲尔德在头 1 个小时里通知的另外两个人也没料到。格雷菲尔德十分清楚，纳斯达克正为生存而战，1 分钟也不能浪费。对于纳斯达克怎样才能走出绝境，他有一个坚定的观点：我们必须跟纳斯达克现有管理团队的一些人割袍断义。在变革初期，关键的第一步便是找到那些想要在新的文化里工作的人，并告别那些不愿意这么做的人。"人事第一"是待办事宜清单上的第一项。格雷菲尔德出任 CEO 的第一年内，裁掉了 1/4 的员工，同

第四章　主观能量态决定论

时也更加注重倾听人才的声音。合适的人能撬动公司里的其他人，尤其是当你正经历转向和文化变动的时候。

人是主观能量态的载体。主观能量态决定论，亦是人（才）[1]决定论。人的主观与能量的发挥，一直都是社会发展的根本原因。是人类意识的觉醒，开启了人类社会的年轮，创造了人类社会和人类文明。现实世界是人类的主观能量态对同时作为对象的世界的作用的结果，并将以这种方式继续被重塑，其中，人类的主观能量态是自变量。对企业经营而言，对企业的战略性生长而言，对企业的转型进化而言，对企业的变革再造而言，对人的问题的解决都是关键。

企业成功的原因，除了环境因素外，一半是主体，一半是管理，而这两者的本体都是人——具有满足企业这种主体要求的属性的一类人，或者说，符合企业这种主体的内在规定性的一类人[2]。社会系统与自然系统的一个重要区别是加入了人的因素。罗氏前CEO塞维林·施万曾说：罗氏反对"中央集权"，提倡"权力下放"，要求给予员工充分的自由，鼓励员工的自主创新，但与此同时，员工要敢于冒险；若无人愿意担当重任，这些措施就失去了意义。谷歌前CEO埃里克·施密特说：无论你喜欢与否，你雇用的人决定了公司文化。

奈飞公司则认为建立伟大的团队，不需要靠激励、程序和福利待遇，其核心是招聘那些渴望挑战的"成年人"，然后清晰而持续地与他们沟通即将面对的挑战是什么。而且"成年人"最渴望的奖励，就是成功，渴望与像他们一样牛的人一起工作，创造更大的成功。比如被媒体广为报道的取消休假制度，奈飞的员工只需要跟经理商量，想休多久假都可以，实际上休假制度实施后，并没有人肆无忌惮地休假，员工休假时间跟之前没有太大差别，所以"成年人"在为自己的时间负责。以至于后来奈飞宣布取消报销政策和差旅政策，让员工来决定如何花公司的钱。又一次，员工没有滥用这种自由。

---

[1] 人才，可以理解为是其中的那些这种主观能量的密度和等级更高的人。
[2] 我又称之为"企业人"，以区别于自然人。

而大多数公司，他们采取的是防范胜过信任策略，不得不说，当你招不到"成年人"的时候，你也只能用条条框框来限制你的员工了。

对人的问题的解决到底属于企业的战略性行为还是人力资源管理行为，其实是难以区分的。人的问题，是企业的基础战略的构成项。对企业而言，完整的人的问题包括：人力资源的社会性准备[1]、集聚和对其能量的充分发挥。企业要有各自的关于人的问题的解决方案[2]，包括对人和人才市场环境等的洞察（这也是作为企业和企业家的一项必备技能，是企业人力资源管理功能的重要构成），如松下电器公司的70%原则[3]。

二、人才问题，又是关于人的这个关键问题的关键部分

企业的主观能力，并不与员工规模相关。我们必须承认人在主观能量态

---

[1] 人在加入一个企业之前和之外的成长，都属于对这个企业而言的社会性准备。人力资源的社会性准备是社会（如国家）层面的对企业所需的人的问题的解决，也是社会提供给企业的三项重要的准备之一，另外两项准备分别是制度环境准备和产业生态准备。

[2] 至少要有关于它的基本原则和基础方案。

[3] 包括70%原则聘用人才、70%原则使用人才、70%原则信任员工、70%原则发现员工的优缺点、70%原则授权和70%原则获取员工满意度等。每一方面又都有其具体内容，如在聘用人才上，松下电器对70分左右的中上等人才较为偏好。创业之初，公司的名气还不大，它只能吸收三井、住友、三菱等大企业所不要的人成为职员。松下电器认为，他的事业迅速成长，是这些被视为次级人才的人一手创造出来的成果。其实，70分人才有其独特的优势。第一，他们一般很容易融入团队，那种顶尖人才才高八斗，高高在上，做事情常常以自我为中心，看不起下面的人，听不进下面人的意见，于是常常不能很好地融于团队。而70分人才就不一样了。他们常常低头思考自己的不足，希望借助团队的力量使自己成长，使自己能够很好地完成主管安排的任务。所以他们能够很好地融入团队。第二，他们有追逐顶尖者的动力，俗话说，"创业难，守业更难"。当顶尖人才正在独孤求败，全靠自我约束寻找前进的动力的时候，70分人才正在以顶尖者为目标，苦苦地追赶。他们往往有一种与顶尖者较一较劲的心理，这种明确的目标和心理就会产生出强大的动力，去达到顶峰。就像马拉松比赛一样，跑在第一位的选手前面漫漫长路，空无一人，于是他常常回头，看看后面的人在哪里。而第二位的选手就不一样了，他们眼睛死死地盯着第一名，而且还可以在第一名后面避一避风，看到时机成熟，一下越过之。第三，他们心存感激，更加忠诚于公司。主管常常有这样的感觉，顶尖人才常常埋怨工作这也不适合，那也不适合，把他培养成一个高层主管，他似乎也并不特别感激你和公司，因为他会认为那是他应该得到的。而70分的中上等人才就不同，他们认为他们能够取得今天的成绩，与主管和公司对他们的培养和器重是分不开的。于是他们心存感激，更加忠诚于公司。——摘自《松下幸之助成功之道》。

上的巨大差异。人才问题[①]，又是关于人的这个关键问题的关键部分。追求卓越的企业都在解决人才问题上不遗余力。

马斯克说过：如果你想创立一家公司或加入一家公司，最重要的一点就是吸引杰出的人。因此，若是加入团队，选择加入令你心仪的杰出团队；若是创建公司，得聚集一群杰出的人。我是指，所有公司都是一群人聚在一起共同创造产品或服务，因此这群人的才能、工作努力的程度、凝聚力的强弱，决定了公司的成功与否。因此如果你想创立公司，必须竭尽所能地笼络杰出人才。

乔布斯说过：似乎所有的优秀人才，都要花上一年时间才能雇用到他们，即使在苹果公司也一直是这样。一些最好的技术人才或其他人，我似乎总要花上一年时间才能把他们从惠普或其他地方挖过来。他们都值得这样做。我通常会遇到非常棒的人，我认为是非常优秀的人才，而你却招不到他们，然后你就去找其他人，你知道没人能符合标准，当你遇到过那么优秀的人才后，你总是会把其他人和他相比，如果你妥协你就会退而求其次。我总是要找到最好的，而不是去妥协。

2004年7月初，硅谷心脏地带的101号公路旁出现了一个巨幅广告（见图4-1）。只有学习过高等数学的人才能看懂，那是一道复杂的数学题。一些好奇的人解开难题，答案是一个网址。登录网站后，会看到一系列难度递增的数学题。最终7500人来到了数学迷宫的出口，他们看到的是谷歌公司的招聘广告。在这个类似游戏的谜题面前，能走到最后的人，已经让谷歌甄别了他们非功利的兴趣，以及兑现这种兴趣的执着和到达目的地的智慧。谷歌用一道道别出心裁的谜题，招呼着天下的英杰。

[①] 对企业而言，企业家更是人才中的人才，或者说是企业人才体系的核心部分。企业家须是所在领域的专家，就像台积电公司创始人张忠谋在一次演讲中所言：在科技事业里面，无论经理人还是CEO，恐怕最好也是技术出身。

图 4-1 谷歌的招聘广告

马化腾在一次访谈中谈到过：比如我们多媒体的一个实验室负责人在招聘一个外籍科学家的时候，我们甚至专门给候选人做了一个 PPT，详细到介绍在深圳如何上幼儿园，这些细节的考虑是最终打动这位青年科学家的关键一招。

亚马逊也一直以很高的标准招徕人才，从创立时就喜欢招加州理工大学的技术天才，之后更是从斯坦福机器学习教授，到算法理论的权威，无所不包。

三、选择人而不是改造人

在对人才资源的获取上，应秉持的一般原则是选择人，而不是改造人[1]。与天赋（上帝的塑造）和长期的、无处不在的社会环境的塑造相比，偶尔施加的影响对人的（主观的）塑造作用真的很有限。企业成功的终极秘密只有一个，即具有那种主观能量态的人，而这类人多半并不是企业这类组织的产出。孕育企业家的社会场景，就是企业的前传。企业的人才管理，应是指相应的选择、集聚和使用方案的正确设计，不应包括对人的改造和重塑等含义[2]。

---

[1] 对人员的专门知识、技能培训和企业内部的专有知识共享等，并不属于这个问题。一个人在企业工作过程中的改变，是整个对人的塑造过程的一部分，是企业发展过程的副产品。

[2] 以人的主观和能量态可（随意）切换为前提、假设和内容的观点和所谓的解决方案，差不多都可以归为谬论。再精湛的修缮也弥补不了事物的根本性缺陷。因此，企业的对人的管理，在技术性上，应是与人的主观和能量态相协而不是悖反。人们经常会不自觉地犯一种将需要作为方案的错误，而不考虑这种方案是不是能成立、是不是具有方案性。

第四章　主观能量态决定论

台积电公司创始人张忠谋在台湾玉山科技协会20周年庆祝大会暨论坛上的演讲中讲述他在54岁创办台积电之前的经历时说：我20岁时去了美国麻省理工学院（MIT）。当时，我父亲送给我IBM的股票，具体数字记不清了，大约50股，那时股价差不多100美元，所以这算是一份蛮大的礼物。有了这50股股票后，我一有机会就去看IBM的股价，就去图书馆看报纸上的股票行情，那时候没有网络，只能在报纸上看股票，几乎所有的报纸都有股价信息。当然，还有公司寄过来的季度报告和年度报告，当时股东比较少，所以公司还会给小股东们寄一些报告。我看了这些报告，大概了解了像IBM这样的大公司是怎么运作的。因为想要了解股价，所以也学会了P/E（市盈率）、P/B（市净率）这些东西。

我从24岁开始工作，第一份工作就属于半导体行业，公司名字叫希凡尼亚（Sylvania Electric Products），这在美国是一家相当有规模的公司，但半导体对它们来说是一项新事业，而且一开始就不太成功。我在希凡尼亚做了3年，从24岁到27岁，虽然很努力，但感觉并不好。在那3年里，我注意到有一家公司做得非常好，远在德克萨斯州，叫德州仪器（Texas Instruments）。

当时，我在波士顿已经住了9年，要去德州工作并不是一件寻常事。我去的时候已经1958年了，那里就是一个牛仔乡村。我在德州仪器工作非常顺利，去的时候27岁，一开始就立了相当大的功。公司认为我很有前途，就送我到斯坦福大学去念博士，我在麻省理工学院没有得到博士学位，在德州仪器待到30岁时才被公司送到斯坦福大学念博士。在斯坦福大学念博士非常顺利，也比较有趣。我就读的第一个学校是哈佛大学，虽然没那么有趣，但它给了我真正的教育，麻省理工学院给了我谋生的本领，而斯坦福大学是我真正有兴趣学习的一个学校。德州仪器送我去斯坦福的时候跟我签了一个合同，就是拿到博士学位以后，要在德州仪器至少工作5年。因此，我

战略性生长——该如何经营企业

在斯坦福大学读了两年半，拿到博士学位，33 岁离开斯坦福大学就回到德州仪器，一待就是 25 年。刚刚回到公司后，他们就把我升职为一个事业部的负责人。回到德州仪器后，我做过好几个事业部的经理，最后落到了全球半导体部门。刚开始时，全球半导体部门只有 3000 名左右的员工，后来涨到 4 万人左右。从 33 岁做到 52 岁，我的黄金时代都给了德州仪器，但是我学到了很多东西。我是技术出身，要不断精进技术，这一点很重要。

53~54 岁时我到通用仪器（General Instrument）做董事长，大概有 2 万多名员工，在那里学私募股权投资和风险投资。他们雇用我之前并没有跟我讲他们的业务，我也没有了解，就贸然进去当了董事长兼首席运营官。进去后就发现，他们的策略就是收购各种小公司，重新包装后再打包卖出去。这就是私募股权投资，这个公司最大的野心是把它自己都卖掉，他雇我就是想实现这个野心。那时我刚离开德州仪器，德州仪器是白手起家，基础与之完全不一样，所以一年后我就离开了。但无论如何，我在通用仪器的一年中学到了很多关于私募股权投资和风险资本的知识。

李嘉诚讲过[①]：如果战争没有摧毁我的童年，如果父亲没有在我童年时去世，如果我有机会继续升学，我的一生将如何改写？我对医学知识如此热诚，我会不会成为一个医生？我对推理与新发现充满兴趣，我会不会成为一个科学家？这一切永远没有答案，因为命运没有给我另类的选择，我成了今日的我。

5 岁那年，贝索斯开始对太空有关的一切十分痴迷。"在电视上看到阿姆斯特朗踏上了月球，我深受感染，满脑子都是太空。"太空梦驱使着贝索斯 2000 年成立了蓝色起源（Blue Origin），致力于推动太空旅行平民化。

史蒂夫·乔布斯也不是一个计划中的孩子。他的母亲乔安妮·席贝尔

[①] 资料来源：搜狐网。

（Joanne Schieble）来自威斯康星乡村的一个德裔天主教家庭。乔安妮的父亲很严厉，强烈反对她与一名叙利亚的伊斯兰教信徒谈恋爱，并威胁要断绝关系。1955 年，乔安妮生下了乔布斯，并为他找到了一个领养家庭。乔布斯的养父是一名高中辍学生，从事二手车修理工作，养母是一名记账员。"被遗弃"成了乔布斯生命的一部分，也影响了他对自己的看法。他最亲密的朋友认为，"他强烈的掌控欲，就来源于他的性格以及刚出生就被抛弃这件事"。

乔布斯童年住在硅谷附近，周边邻居很多都是工程师，研究太阳能光伏等很酷的东西。而当时芯片业的爆炸式发展也让乔布斯着迷。养父修车的工作使乔布斯很早就接触到电子设备，10 岁的乔布斯就对电子产品产生了浓厚的兴趣，常常把小型电子产品拆解开来，想要弄懂其原理。叛逆的个性让乔布斯不喜结交朋友，常常在车库里鼓捣电脑，一待就是半天。高中的最后两年，乔布斯对电子世界极度痴迷，也因此加入了惠普探索者俱乐部，参加每周一次的聚会。那里对乔布斯而言就是天堂。在那里，他见到了惠普正在开发的第一台小型台式计算机，终生难忘，"它身形巨大，大概有 40 磅重，但它真的很美，我爱上了它"。与电子产品密切关联的童年生活，让乔布斯最终走上了与众不同的道路。

谢尔盖·布林出生在苏联一个犹太人家庭。1979 年，布林 5 岁，他跟随父母一起移民美国，从而开始了美国式的成功历程。他的父亲迈克尔是一位数学家，曾在苏联计划委员会就职，并曾在莫斯科一所学校任教。迈克尔说："我离开苏联除了自身原因再有就是考虑到了谢尔盖的前途。当时我并没有考虑过谢尔盖会成为一名产业巨子，我只是希望他能顺利拿到博士学位，并最终成为一名对社会有用的人，当然最好是像我一样成为一名教授。"

早在小学一年级的时候，布林就向老师提交了一份有关计算机打印输出的设计方案，这让老师大为吃惊。因为当时计算机才刚刚开始在美国普通家庭出现。中学毕业后，布林进入马里兰大学学习数学，父亲迈克尔希望他能沿着自己的足迹成长，在数学的道路上一走到底。但是布林并没有按照父亲给他设定的规划发展。由于成绩优异，布林在取得理学学士学位后获得了一笔奖学金，随后进入斯坦福大学。在斯坦福大学，这位天才学生再次得到命运的青睐，校方允许他免读硕士学位而直接攻读计算机专业博士学位。不过，他在斯坦福大学攻读博士学位期间选择了休学，并和拉里·佩奇一起创建了家喻户晓的互联网搜索引擎 Google。

而佩奇则毕业于密歇根大学安娜堡分校，拥有理学学士学位。受担任计算机系教授的父亲启蒙，佩奇早在 1979 年就开始使用计算机了。

马斯克说：我似乎天生就有很强的内驱力，在我很小的时候就是如此，有很强的动力去做各种各样冒险的事情，喜欢做这些疯狂的事情。我不需要什么力量的来源，对，放弃不是我的天性。马化腾则说过：其实我大学一毕业就想创业。

其他各类人才的产生过程也大同小异，只是我们很少看到关于他们的介绍而已。在人才的获取上，企业需要更多地使用选择的手段[1]和力量。其中，选择的力量是指企业对人才而言的价值引力；这种引力包括人对人的引力。价值自带组织能力；相反，没有价值引力，在组织上则要困难一些。企业在人才集聚上可以采取一种"滚雪球模式"，创始人是企业最初的引力来源，是企业的 1 号员工和"雪球"的第一个"核心"[2]。还有就是，企业要有选择人才的能力和方法，要能避免被"人才假象"所迷惑。

四、扔掉"坏苹果"[3]

贝索斯反复强调：在亚马逊，最重要的决策就是招人。他甚至说：宁

---

[1] 包括尽可能地扩大选择的有效范围。
[2] 主观能量态的聚散同样遵循万有引力定律。
[3] 如果把一个坏苹果留在一筐好苹果里，结果你将得到一筐烂苹果，这就是坏苹果法则。

可错过（一个完美的人），也不错招（一个不对的人）。亚马逊还有"Pay to Quit"（拿钱走人）的政策，据说是从所收购的公司 ZAppos 那里学来的。而亚马逊交付中心对其进行了迭代升级：加入公司第一年如果选择离职，员工可以拿 2000 美元走人，每过一年加 1000 美元，5000 美元封顶。这笔数目不小的钱不是被解雇的补偿金，而是员工选择主动离职的分手费。这条有意思的政策有个口号，"please don't take this offer"（请不要接受这笔钱），可见设置这项政策，亚马逊并不是希望员工走，而是希望员工留下来一起打拼。但是为什么又用这么多钱，"引诱"员工离职呢？亚马逊说：我们希望员工能够好好想想，他们到底是否想在亚马逊干下去。如果他们不喜欢这里的工作，长期看对自己和公司都不好，还不如拿钱走人。这一政策也许不会把所有不喜欢亚马逊工作的员工送走，但至少会送走其中的一部分，也有可能加快那些不合适的员工离开。虽然代价不菲，但如果留下来的大都是热爱工作的员工，那也绝对值了！

贝索斯认为：人不对，再怎么补救都没用。招错人造成的损失，其实远比想象的大得多。首先，这些人虽然在做事，但他们做出来的结果与亚马逊要求的极致标准往往相距甚远。不仅他们负责的工作本身会受影响，他们的存在还会危害别人，比如他们所在的团队、需要与他们配合的人，甚至整个组织。其次，从机会成本的角度来看，招错人对业务、对组织的损害也是极大的。

在多数企业中，高管职位越高，对于招聘事宜越是不管不问。但实际上，这样的做法是本末倒置。应该从公司最高级别开始主抓人才的聘用与选拔。另外，招聘中有一条黄金法则是不可违背的，那就是宁缺毋滥。如果质量和速度不可兼得，那质量一定要放在首位。

五、权利方案不可或缺

主观态是人的本质，对主观态的需求意味着企业需同时接纳和管理作为复杂性主体的整个人，而权利方案永远是这种管理的不可或缺的一部分。社会关系的核心内容是权利关系。奈飞 CEO 哈斯廷斯说：我们吸引并留住人才，有两个办法，一是给予高度自由，工作时能有启发性又能学到很多，合作的同事都很优秀；另一个则是高报酬，我们坚持提供业界最高的薪资，设法找到最优秀的人才[①]。

在 1997 年第一封致股东的信中，贝索斯写了九条亚马逊会长期秉承的基本管理及决策方法，其中最后一条就是关于人才招募的：我们深知，企业成败的关键在于人。因此在人才招募上，我们会继续坚持招募有多种能力、才华出众且真正有主人翁精神的优秀人才，在薪酬结构上，我们会继续坚持侧重股权激励，而非现金薪酬。真正成为公司股东，有利于激发员工的积极性和发自内心的主人翁责任感。

只有所有权清晰才有贸易和交易；而且，权属归定，则全力以赴。权利方案[②]的设计对企业这类群体性组织而言是至关重要的。拥有自己所创造的东西，毫无疑问会极大地刺激这种创造的生发和滋长。如果不能为自己所有，人们为什么要费心费力地去创造？保证权利，则能唤醒能量。权利方案设计形成权利制度，权利制度则是一种机制。权利制度是有力量的，这类制度的力量，本质上是人的力量。机制是持续起作用的力量，就如地球的引力。

在对人的主观的管理上，重要的是机制、场力，以及主观对主观的作用。就企业这类主体而言，市场是最好的机制，何须另外发明？伯克希尔·哈撒韦公司的副主席查理·芒格（Charlie Thomas Munger）说："如果你

[①] 获取人才、权利方案和组织方式等，哪个更关键？其实它们是互补的。企业管理不能是单向度的思维模式和偏执一点，而是要以整体思维为背景，并最终以整体的方式呈现。

[②] 私有企业制度和税收制度等可以理解为社会层面的关于企业的权利方案设计。从激励的角度来说，私有企业制度是对企业家的100%的股权激励，至少带来对企业家个人能量的最大限度的发挥。

不从企业所有者角度看问题,你就无法真正经营好你的这份事业。"但是,要想让人总是能从企业所有者角度看问题,他首先得是企业的"所有者"。企业是企业家的企业,这句话包含两个意思:企业是企业家创造的;企业为企业家所有。其中,由于创新和知识贡献的价值具有自己的特点,关于它的权利方案也有其特点,如需要依赖人的评价、自然周期[①]和补充奖励制度等。

---

① 在人力所不能及的地方,我们总是还可以利用事物的自然过程。

第三节 自主、领导力与框架

一、要深谙企业的组织魔法和组织炼金术

组织也是企业使用和发挥人的作用的方式。解决人的问题包括对人，进而对系统的有效的组织。组织是企业处于多人状态时遇到的问题。对企业的组织的关键是对它的主观能量态的组织，其作用包括：实现对每个人的能量的充分发挥；通过对系统结构的利用，实现一种增强了的群体能量态等。需要特别说明的是：作为企业的组织的有效性是它的"企业性"，或者说，以企业这种过程的有效实现为目的的功能指向性。组织设计的好坏要用其要实现的目的来评价。企业的组织目的是实现企业过程。所以，首先要知道企业过程是怎样的，不能就组织而论组织。下面是关于企业（尤其是作为战略性生长主体的企业）这一过程的两个具体情境，我们必须将自己置于这类情境下讨论企业的组织问题。

乔布斯在一次访谈中说：他们认为只要有了很棒的想法，事情就有了九成，这是个严重的毛病，他觉得只要告诉其他人，这里有个好点子，他们就能回到办公室，让想法成真。问题在于，好想法与好产品之间隔着巨大的鸿沟。实现好点子的过程中，想法会变化，甚至变得面目全非，因为你越深入细节，你学得越多，你会发现，你不得不一次次权衡利弊，做出让步和调整。总有些问题，是电子设备解决不了的，是塑料、玻璃材料无法实现的，或者是工厂和机器人做不到的。设计一款产品，你得把五千多个问题装进脑子里，必须仔细梳理，尝试各种组合，才能获得想要的结果。每天都会发现新问题，也会产生新灵感，这个过程才是真正的魔法所在。

第四章 主观能量态决定论

贝索斯谈到[①]：在亚马逊很早期的时候，我们就知道我们要打造一个建造者（builder）的文化——大家要有好奇心、爱探索。他们要喜欢创新，即便是个专家了也要像新手一样抱有好奇心。这种建造者的思维能够帮助我们在面对很大很困难的机会的时候保持一种低姿态的信念：创造、尝试，重新创造、再尝试，不断循环，我们就一定能干成。

有些时候，你知道你自己在做什么，你可以很高效，树立一个目标然后执行。相反，到处"闲逛"的工作就不会特别高效。但这也不是随机闲逛，而是被直觉、好奇心和以用户为核心的精神指引的，即便前路漫漫，也觉得值得。"闲逛"是高效很重要的一种反向平衡，你两者都需要有。那些颠覆式的创新，"非线性"的那种，就来自"闲逛"。

亚马逊的 AWS（云服务）的数百万用户覆盖了从初创公司到大公司，从政府到非营利机构的各种组织，每一个员工都在为自己的用户打造更好的解决方案。我们花了很长时间思考这些机构/公司，以及里面的人都在想什么，包括开发者、研发经理、运营经理、首席信息官、首席数字官等。

我们在 AWS 中做的很多工作都是基于倾听用户。问用户想要什么至关重要，认真听他们的答案，然后想出一个计划，又快又好地提供他们所需的东西。没有这种对用户的关注，任何业务都做不下去。但是这还不够。最大的机会是用户还不知道的需求，我们必须站在他们的角度为他们创造需求。这就需要我们的想象力了。

AWS 本身就是一个例子。没有人需要 AWS。但事实证明世界上正需要一个像 AWS 一样的东西，只不过大家都不知道罢了。我们有一个直觉，然后是好奇心，我们承担了必要的财务风险，然后开始建造，返工，实验，以及无数次迭代。

[①] 摘自亚马逊公司创始人贝索斯2018年的《致股东信》。

战略性生长——该如何经营企业

在 AWS 内部，这个模式也发生了很多次。比如我们打造了 DynamoDB——一个延展性非常强的低延迟关键值数据库，现在它正服务几千用户。在倾听用户方面，我们听到他们抱怨商业数据库又贵又难用，于是我们就做了 Amazon Aurora。

我们还在关注如何让公司更好地利用机器学习。我们在这方面已经干了很长时间，并且和其他的创新项目类似，我们最初的几次想把机器学习的工具接口化的尝试都失败了。在很多年的"闲逛"之后，经历了不断的实验、迭代和打磨，参考了很多用户的意见之后，我们终于做出了 SageMaker。这个功能去掉了机器学习中每一步复杂的概念和细节，真正让人人都能使用 AI。如今，几千用户都在基于亚马逊的 SageMaker 功能来打造他们的机器学习应用。我们会持续升级这项应用，增添增强学习（reinforcement learning）的新功能。增强学习有一个陡峭的学习曲线和很多可移动的部分，这种学习难度让只有为数不多的大公司才能完全理解并应用起来。如果没有以用户为中心并为用户创造的精神，没有好奇心和坚韧不拔的意志，就不会有这些应用。并且用户很买账，目前亚马逊已经可以带来每年 300 万的营业收入，而且还在快速增长。

对于怎么服务实体商家，我们思考了很多年。我们觉得必须要先创造一些能在实体环境下打动用户的东西，于是就有了 Amazon Go 无人超市。我们在这之后有了清晰的目标——干掉排队。没人喜欢排队，你应该走进商店，拿上你想要的东西，然后就直接离开。想做到这一步非常困难，尤其是技术上，需要全世界几百个聪明又专业的计算机科学家和工程师共同努力。我们需要打造我们自己的专利摄像头和货架，并为此开发全新的计算机视觉算法，包括如何把几百个摄像头采集到的画面联系到一起。我们还得让这种技术让人看不见，不会影响购物体验。结果用户很喜欢，他们把 Amazon Go 的购物体验形容为"魔性"（magical）。我们现在在芝加哥，旧金山和西雅图有

10家店，未来还会有更多。

贝索斯还说过：要想创新，就必须进行实验，如果你想要更多的发明，就需要每周、每月、每10年做更多的实验。关于实验还有另一件事是：很多实验都失败了，如果你事先知道会成功的话，这就不是一个实验。

企业需要一种能有效实现乔布斯所说的这种"魔法"过程的组织（或组织成分），能有效实现如亚马逊的这类创新和创造过程的组织。这也是一类复杂性组织，复杂是系统的高级形态，驾驭复杂性是卓越企业必须具备的一种能力。能有效实现这样一类过程的组织逻辑，或者说，对这类组织的有效组织方法包括：自主、领导力与框架。卓越企业要深谙企业的这种组织魔法和组织炼金术[①]。

二、充分发挥人的潜能，需要他有自主性和自主发挥的空间

乔布斯说：我一直不相信诸如"我们是一个团队的，一定要做出决策"的说法。（我不认同）我的决策你不喜欢，我就说"迁就一下接受这个决定吧"（这种做法）。你花钱雇用他们是让他们做自己认为正确的事。你试图让他们去做他们认为不对的事，那迟早有一天，冲突就会出现。所以我一直觉得，最好的方式是让大家都在一个房间里进行讨论，直到他们达成一致。我们要区分真正重要的决定和那些不重要的决定。对于那些真正重要的决定，我们会努力直到大家达成一致。因为我们花钱雇人，是让别人告诉我们该怎么做，换句话说，我不认为我们花钱雇人是去做事情。找人去做事这很容易，更难的是找人告诉你应该做什么，对吧？这就是我们一直要找的，所以我们付给人很多钱，我们希望他们告诉我们该做什么。

---

① 在低级组织中，会少见这类高级组织现象。每一种类型的组织都有它的组织现象。

战略性生长——该如何经营企业

如果你想雇用人才，并且一直留为己用，你需要让他们自己做决定，你需要有想法、点子来运营企业，而不是阶层等级，最好的点子必须胜出，要不然人才都会跑光的。

马化腾说[1]：当初创业时我们还年轻，那时候把握用户是没有问题的，但是现在岁数大了，有些产品我们用过觉得好像没意思，但后来在国外很火，美国的青少年特别喜欢。我们错过了很多机会，包括现在国内一些新兴的多媒体，或者一些社区的创业，都有错过。岁数大了确实错失很多年轻人的触觉。现在我的办法是，如果你自己不能解决的，你应该让了解的人去做。你可以多和年轻的用户接触，观察他们，了解他们的需求。你也可以通过投资的方式去投这样一个企业。让更年轻的一些员工能够更快速地走上来。

充分发挥人的潜能，需要他有自主性和自主发挥的空间。对自主性问题的解决主要靠对人的选择和管理机制，而自主空间则是一个关于组织方法的问题，它指向一种以人才为中心的和基于小团队的组织模式。主观世界都是个体性的，不能搞以限制个人主观和能量为代价的集体主义；不能因管控而错失事物发展的无限可能性——无限性是事物的本质属性。

乔布斯说：到了一定阶段，人们会觉得，"我们是一家大公司了，让我们聘用专业管理团队吧"。但我们不会聘用一堆专业管理团队，这根本行不通，他们中大部分人是笨蛋。他们根本不会做任何实事。如果你已经是一个优秀的人了，为何你会为了从中学不到任何东西的事情而工作？你知道最有趣的是什么吗？最好的经理人是谁？是那些从没想过要做经理的人，卓越的个人贡献者。但决定他们不得不成为经理的原因就是，没有人能比他们干得更好。

苹果公司还创设了"苹果公司研究员"。"苹果公司研究员"是苹果公

---

[1] 资料来源："对话钱颖一 马化腾首谈创业经、领导力、成长史"，2016年9月，腾讯云公号。

司给予电子科学家的最高荣誉,授予那些为苹果公司做出杰出贡献的员工。"苹果公司研究员"不仅是一项荣誉,同时也意味着高额的薪酬和大量的股票期权。而且,"苹果公司研究员"拥有自由做事的权利,可以做任何感兴趣的事情,从而最大限度地激发创造性。苹果公司给研发人员提供工作上、生活上的一切便利。因为苹果公司知道,稳住这些技术人员,不让他们"跳槽",是苹果公司将来研发新产品的关键。而在谷歌公司,则总是强调"去和工程师谈谈"。

亚马逊公司认为组织应由小规模的团队构成。亚马逊的团队会有以下几个特点:①人数要少,常见的亚马逊团队规模是4~14个人;②功能闭环,要做出一个原型的话,需要方方面面的精英,不会全是设计人员或开发人员;③单线汇报,团队主管对负责的业务享有充分的话语权,团队成员直接向他报告;④关注点单一,分解为原始问题,团队思考的是那些最终极的最想解决的问题,把问题分解,做得纯粹[①]。

贝索斯曾对"两个比萨"原则推崇备至,这个原则规定,团队人数不能多到两个比萨还吃不饱[②]。小团队要比大团队更有效率,他们不会花那么多时间钩心斗角。小团队亲如家人,大家可能会起口角、争对错,甚至闹分裂,但往往能在紧要关头团结一致。随着产品的增加,小团队也往往会扩大规模,最初由一小撮人负责的业务渐渐发展到需要更多人的共同努力才能维持。这是可以接受的,只要较大的团队不阻碍原有的小团队进行突破性创新就行。在一家大规模的企业中,大小团队的存在都是必要的。

为了鼓励小团队更好地发挥积极主动性,谷歌给小团队以更大的自主权,允许甚至鼓励小团队自行其是。谷歌认为,在面对企业内部的团队时也

---

① 团队这么小,怎么能很好地解决挑战性较强的任务呢?亚马逊还有非常强大的底层技术平台。
② 组织规模过大,还会出现管理者的管理能力相对不足的问题。管理者的管理能力要能覆盖他的管理对象,我称之为"能力覆盖原则"。

应抱有这种态度：那些无论你是否批准都按自己的想法做事的人，才值得你投资（这样的人往往会成为企业最为宝贵的创意精英）；找出最有影响力的人物，组织就以此人为中心；不要把岗位或经验作为选择管理者的标尺，而要看他的表现和热情，工作表现比较容易衡量，但热情比较难以评估。

再比如，罗氏公司前 CEO 塞维林·施万说：我们将研究部门划分为完全独立的研究小组，目前主要的研究小组集中在旧金山、巴塞尔和东京，其他几个团队属于医疗诊断业务领域。研发部并未设全球主管，所有制药研发团队（包括负责对外合作的业务部门）直接向我汇报，诊断研发团队向诊断负责人报告。我认为设立全球研发主管有其弊端：个人想法难免失之偏颇，可能会偏袒某些方案，改写核心指导理念，甚至将个人想法强加于决策委员会。全球研发主管可能有损研发自由、扼杀多元性，从而摧毁企业的价值。

在腾讯公司的微信部门，虽然初始阶段只有 10 名员工，但 8 年后，WXG（微信事业群）已经有超过 2000 名员工。张小龙将这些人分成 20 多个团队，每个团队内都有能做独立决策的人，以及完整的开发、产品设计和项目管理等人员。这对提高微信团队的敏捷性有很大的帮助。

自主，还包括对规则的自制和挑战[①]。欧洲科技金融公司 Klarna 联合创始人兼 CEO 塞巴斯蒂安·西米亚特科夫斯基（Sebastian Siemiatkowski）说：在我看来，你有时候需要说"你们自己决定吧"，这样最终发生的事是，实际上，能做决定对员工来说很有吸引力。而中层管理者可能觉得这种情况难以处理，因为对他们来说，高层下达的规则更容易，他们就能说"这就是规则"。但为什么是这些规则，因为这是领导钦定的，所以他们就能藏在规则的后面。如果你不想让人们躲在规则的后面，实际上你需要激励他们思考"我们为什么要这样做"，这会迫使他们主动。这对他们来说是好事，需要去刺激他们。但当你

[①] 如果我们不能接受出格，那就不会有出格。这种对规则的自制和挑战，也是规则完善和改进的一种有效方式。

第四章　主观能量态决定论

写下两条严格的规则时，就会存在它们被利用的风险，比如领导就是这么说的——这对公司文化来说非常糟糕。你需要营造这样一个环境，让人们觉得规则是有的，出发点是好的，但同时如果在特定的情况下对特定的人不适用，也能挑战规则，需要有一个机制让两者平衡，最终，规则永远不能成为自己不思考的借口，而且总会有例外情况。在大公司里，必须有例外，因为这些都是健康的迹象，表明员工自己在思考，在评判，而不只是躲在规则背后。

主观是不应被替代的，否则，作为一个独特的能量态的他者就不存在了，作为一个创造性个体[①]的他者也就不存在了。对主观的管制，除了导致主观上的冲突之外，还是在制造对主观资源的极大的浪费。意识管控是对一个主体和组织的创造力的致命伤害。没有个体意识的群体是乌合之众。权力型（或官僚制）组织的创造力必然达不到其潜在的水平和规模，即存在着我所说的"创造力权损"[②]。进而，有意义的企业文化的统一是基于认同的统一，而不是强制的统一[③]。所有这一切，都是为了更充分地发掘每个人的潜能。企业的发展，只可能来自激励[④]而不是管控。

这也意味着管理者事必躬亲并不一定是一种好的品质。事必躬亲是对他人智慧的不承认、替代和扼杀，往往事与愿违。而且长此以往，员工还容易形成惰性，责任心大大降低，把责任全推给管理者。情况严重的，会导致员工产生逆反心理，即便工作出现错误也不情愿向管理者提出。最能吸引人的

[①] 而且对企业而言，所谓的人才就是指创造性人才，不包括生产性"人才"——纯粹的生产性活动，既不构成企业的竞争力来源，又可以以机器和程序的方式完成，因此，生产性"人才"不具有对企业而言的"人才性"。

[②] 即由于权力而导致的创造力损失。创造的主体是人，企业只是创造的"场"，不是直接的创造主体。管制是对生长空间的局限。依靠权力并不能获得人的发自内心的力量，而这种力量恰恰才是发展的终极力量来源。强权，会造成对能量态的严重的压制和扭曲，会造成"脑损伤"，并最终导致企业的溃败。企业如此，国家也是如此，创新型国家一定是一个保证自由的国家。

[③] 这也意味着企业应该在招聘时就选择那些在价值观上相近的人。

[④] 能产生激励效果的因素有很多，不仅是指经济激励，其他如信任、发展空间、自主性和愿景等都具有激励性。

是符合他的内心的去处，当人们不是出于自愿的时候，他可以有一千种方式消极对待。多让员工参与公司的决策是对他们的肯定，也是满足员工实现自我价值的精神需要。赋予员工更多的责任和权利，他们会取得让你意想不到的成绩。不要总想着主导一切，有时候，真正的问题就是你的主导本身。同时，充分地自我实现，还会使一个人变得更好，更具合作性、善意和规则意识。自我实现会形成正向激励。

星巴克前CEO霍华德·舒尔茨说：人们不希望被管理，他们希望成为宏大事业的一部分，他们更希望成为愿景的一部分，并且希望在这个愿景中看到自己，他们希望能感受到自己被重视和欣赏。管理者的工作就是去创造氛围，创造一种我们正在建立的一个比我们所有人都宏大的事业的氛围，这是一个团队游戏、团队项目，每个人的参与和观点都很重要。一个年轻的企业家或年轻的企业，在早期阶段，创始人通常什么事情都做，他通常了解公司的一切，我认为在早期这不是一件坏事，但就和小孩一样，进入青春期或成为青少年，你会和三岁时截然不同。我认为企业家和公司也都在发展，你必须跟着它一起进化，如果你要聘用那些比你拥有更丰富的专业技能和经验的高层管理人员或领导者，我可以保证，他们不希望也不想被事无巨细地管理，所以你必须在投入和约定之间取得平衡，不必总是处在沙盒[①]之中。

对个人的主观与能量的压制、钳制和限制，即是对企业发展的根本性力量的消减。每个人作为一个主体，其主观和能量态都是不一样的，从增加系统的复杂性和创造的可能性上讲，我们需要这种不同。企业需要的是去催化和利用人的这种力量，而不是去管控[②]这种力量，管控不是目的。社会性系统的进化和生物世界的进化是同一种类型的过程。组织小微化的目的，还在

[①] 指沙盒游戏（Sandbox Games），是一种游戏类型。能够改变或影响，甚至创造世界是沙盒游戏的特点。创造是该类型游戏的核心玩法，利用游戏中提供的物件制造出玩家自己独创的东西。

[②] 过度的、过于刚性的规划是管控的一种。

第四章 主观能量态决定论

于获得如细菌一样的精简高效和进化速度[1]。通过这种高速繁殖,细菌得到的最大利益在于它们提供给自然选择以巨大的突变数。通过选择呈现的变异,是达尔文进化的主要动力[2]。

同时,任何组织机构一旦成立,它自身的生存就成了它的第一目的,机构会自我保护,领导会把保住权力作为首要任务。这样一来,组织越大其管理费用就越高,交易成本不成比例地增加,办公室政治和官僚主义越来越严重,组织变得越来越僵化。因此,企业建立的这种组织秩序,更多的应是一种抽象秩序,而不是指它的实体化(如机构化),更不包括将实体固化,任务体是随任务产生、演变和解散的。

平等和结果为导向是这类组织模式的构成。每个人都是组织的参与者,而不是组织中的上帝;他作为上帝的角色仅出现在他对组织的设计上。如在Automattic,公司强调结果导向,理论上并不存在传统的上下级关系,所有的工作依靠项目组来进行。通常,每个项目组有2~12人,公司不存在传统的"项目经理"这一固定岗位,鼓励团队尝试新的工作组合、合作方式,以实际产出说话。

采用结果导向也是因为只能是结果导向,对于知识性和创造性工作,无法实施有效的过程管理。根据结果的价值实施奖励,这其实也是一种接近于市场的模式。作为一个市场主体和一个组织的片段,其面对的环境压力和变化是不一样的,其进化速度相应地也不一样。企业家受市场(选择)力量的

---

[1] 细菌的基因组是精简高效的,有利于快速复制。它的基因没有被内含子割裂,而是紧密排列于染色体中,其间几乎没有给"无用"DNA留有任何余地。染色体本身松散的结构对于复制过程没有任何阻碍。而且,细菌几乎不停地进行DNA的复制,同时操纵基因的转录,并构建其生长所需的所有DNA和蛋白质。有的细菌甚至在第一轮复制完成之前就开始了第二轮复制,只要它们的基因组的两份拷贝可以利用,细菌就分裂。所以,细菌经历一个完整的生长和分裂周期平均约20~30分钟,这区别于一般动物或植物细胞需要的20多个小时。——摘自上海科技教育出版社2019年出版的《生机勃勃的尘埃——地球生命的起源与进化》(克里斯蒂安·德迪夫著,王玉山等译)。

[2] 我更倾向于用个体反应来定义企业的适应性,即对变化了的环境所做出的有意识的、自主的或者无意识的、自发的反应。

规制。至少在运行层面，应该只论价值贡献，不论组织身份。组织身份，是因对系统框架的需要而存在的。能对企业创新进行正确评判的是市场，这也注定非权力化是这类组织运行的一个特点。

这类组织模式的特征也正如柯克[①]萃取的美国成功之道：宗教信念派生出有秩序的自由观；有秩序的自由观派生出自由市场和有限政府的制度安排；自由市场和有限政府的制度安排则为美国的经济、社会和个人活力的发挥提供了尽可能多的保障。

三、领导力原则

此处"领导力"的意思是，以有领导力的人为核心，以领导力为主要管理手段[②]——我又称之为"领导力体制"，其意义在于高度和赋能[③]。领导力的本质和内容是一种更高维度的个人能力；领导力体制的赋能性是对系统结构的利用，包括绝大部分人就是需要被组织起来，赋予其目标、任务和一个更有价值的方向。领导力体制也是一种精英体制。

马斯克说：你的头衔只是让你成了一名经理，是信服你的员工让你成了他们的领导者。我们希望公司的领导者能够找到调动整个团队积极性并不断激励他们前进的方法，减少工作中的噪音，为团队工作的开展保驾护航。不管你是 SpaceX 的管理者，还是任何级别的领导者，我们都强调，不是整个团队为领导服务，而是领导为整个团队服务，帮助团队的每一个人尽可能更

[①] 拉塞尔·柯克（Russell Kirk，1918—1994），美国著名保守主义政治理论家、历史学家、社会评论家，著有《美国秩序的根基》等。

[②] 生产性活动的管理可以靠制度，而创造性活动只能靠人了，靠具有最高主观能量层次的个人。用固化的制度管理不确定性，是不符合逻辑的，具有不确定性管理能力的是人。避免错误决策的最有效方式是让能做出正确决策的人做决策，而不是在诸如决策程序和方法等这些东西上下功夫。

[③] 这里的"高度"是指工作的品质将由领导者的能量的品质决定；而"赋能"主要是指通过共享和共同参与，其他人相当于也具有了领导者的能量态，例如当年参与开发iPhone的人，相当于也具有了乔布斯的商业洞见和价值品位。因此，领导力体制的另一个特点是组织或团队内的充分共享。

好地在公司工作。我也同样需要贯彻这项原则。相比于向领导报告的员工来说，领导人应该更加努力，从而以身作则。

2019年2月26日，微软CEO萨蒂亚·纳德拉（Satya Nadella）在世界移动通信大会（MWC）上发表主题演讲时称，一名伟大的企业领导者至少要具备三大特质：①提供明确性[1]；②创造能量；③在任何条件下推动成功。领导力的核心和基础是一种底层能力，而不是一种领导的技术或技巧。

"领导者需要设法实现成功，把设想变成现实。这意味着推动受人喜爱并且能激发人们工作热情的创新；在长期成功和短期成功之间找到平衡；在寻求解决方案时，不要有边界意识，而要有全局思维。"纳德拉在其回忆录中这样写道。

领导者不单是管理成员，关键要引领工作。星巴克前CEO霍华德·舒尔茨说：你一定要在泥里，你得把你的手弄脏（亲自参与公司的事务）；我不想在2万英尺的高空工作，我想在泥里，这样我能真正了解发生了什么。每个领导者都有其实体性任务，只是不同层次和不同维度的领导者的这种任务的内容各不相同罢了。而且，通过直接体验而获得的对事物的真切的感觉和认知，也是其能够实施任务和有效领导成员的基础。

乔布斯说：优秀的人才可以自我管理，他们不需要被管理。一旦他们了解了要做的事，就会着手去做。他们需要的是一个共同愿景，这也是领导力所在。领导力就是去刻画一幅愿景，同时具备清晰的表达能力。这样你周围的人就能理解，并就这幅愿景达成共识。我们需要那种非常卓越的人才，但不一定是那种经验丰富的专业人士，而是那种连指尖都洋溢着热情的，既了

---

[1] 萨蒂亚·纳德拉认为，把企业带入一种本质上不确定、模棱两可的情况，就不能声称自己是领导者；要成为一名领导者，必须在没有任何东西存在的情况下提供明确性。带来这种明确性的是洞见。洞见处在人类知识体系的底层，并因此突破了不同领域的边界。进而，有洞见力的人也可能会成为"跨领域"的领导者，如非技术出身的安迪·贾西就成功领导了亚马逊的云计算业务的发展，而有些企业任命技术人员担任公司人力资源管理负责人的做法也取得了成功。

解最新的技术发展，又清楚这些技术的用途，并能够将其带给大众的人。

贝索斯说：领导者是主人翁。他们目光长远，不会为了短期结果而牺牲长期价值。他们代表整个公司采取行动，而不仅是自己团队。他们从来不说"那不是我的工作"。

我认为，领导力有两种成分：专业领导力和组织领导力。在一个创造型组织中，人与人之间的结构即组织结构。作为任务的领导者和作为组织（如团队）的管理者功能需集于一身。以主观能量态最强大和高级的人为核心，并赋予或叠加给他管理者的角色，也不再有组织层级的概念。领导力体制下的基本结构是一种有核心的网状结构、分布式结构，或核心·辅助型结构等，即有核心的合作型结构。

作为领导者的要件是，他是一个能量态的核心，而不包括他是一个权力体系的核心；领导不应该经由任命而产生，而应经由影响力的延伸而产生。影响力才能产生有效的调动能力。影响力是能量，基于影响力的能量态集聚是一种自然模式。对被调动者而言，他在某件事上有没有感觉，也只有自己最清楚。分工是增强能量的一种横向的方式；领导力体制是增强能量的一种纵向的方式。赋能型组织是一种能量增强型组织，权力型组织是一种能量损耗型组织。权力还会导致出现低级主体管理高级主体的问题[1]。

贝索斯说："我在商业和生活中，做出的所有最好的决定，都是靠心、直觉、勇气做出的，而不是分析。如果你能通过分析做出决定，你当然应该这么做，但事实证明，你最重要的决定，总是凭直觉、品味、心灵做出。"但并不是任何人的直觉、品味和心灵都能做出有质量的决定。公司发展的关键是领导力的增强和体系的扩展[2]。领导力体系的扩展，也是企业从

---

[1] 人是一种拥有控制感的动物，并总是要追求主导权和心理优势。正如清末大臣李鸿章所言，一个人，哪怕他握有一点点权力时，他也会难以遏制地想将这个权力施于他人。控制感也是官僚主义和权力型组织容易滋生的心理原因。而且，越是有不安全感的人，控制欲越强。

[2] 家族企业的一个缺陷是，它的领导力的增强和体系的扩展受家族这种范围的局限。

最初的单核系统向一种多核系统的扩展。而且，如果领导力是一种能量态，那就不是仅通过形式上的学习可以获得的，因此，也并非人人都可以具有领导力。

领导力有其绝对和相对两个标准。领导力体制，可区分为绝对领导力体制和相对领导力体制两种。像乔布斯、马斯克、贝索斯、科赫、麦克奈特、斯隆、福特、帕卡德等，都是有绝对领导力的。

例如在科氏公司，各主要部门至少每个季度向查尔斯·科赫和其他高管汇报业务的最新进展。这些会议可不是走形式。高管们清楚，科氏的各业务部门随时可能被挂牌出售。站在科赫面前，下属不敢虚报数字或是文过饰非。他号称能用一个简单的问题就戳穿你的无力辩解。"感觉很紧张。"曾在2007—2009年担任科氏内部风险资本基金副总裁的杰里米·琼斯（JeremyJones）说。琼斯曾与科氏的中心发展小组密切共事。在一次向科赫推介生物燃料的一个投资机会时，琼斯就知道了科赫如何难对付。在琼斯说明情况后，科赫开始毫不避讳地盘问他："乙醇产生的能量只有等量汽油的66.7%，你考虑过这个情况没有？你做预测时，有没有考虑过政府关于使用乙醇的强制令可能会改变？"琼斯回忆说："我的分析是建立在有缺陷的假设之上的。他很快就看到了这些缺陷。对于你不知道的事情，你最好说不知道。别想玩花样。"

如马斯克是那种典型的对员工进行愿景激励的领导者。他脾气火爆，对员工的要求非常苛刻，和乔布斯一样，他对产品品质和成本近乎疯狂的追求常常把员工折磨得无以复加。但所有员工，包括已经离职的员工，仍然视他为偶像，因为只有在他的手下工作，你才有机会参与到对人类的未来最有意义的工作中来。

但并非所有企业都具有这样的人才，也并非在各个方面都具有这种标准的人才。因此，更多企业的领导力体制应是一种相对领导力体制，即赋予企业各种能力的顶尖者以领导者角色。领导力来自能量层次维度的划分。对企业而言，领导力是企业的主观能力的顶尖部分。

企业治理的一个原则是，使有领导力的人成为领导者——我称之为"领导力原则"。除了那些基于领导力的正式的组织方式之外，乔布斯说的"最好的点子必须胜出"、桥水公司的信任度投票、格鲁夫的"建设性对抗"、3M公司的15%法则及合弄制等都有这层意思。因此，这里的"领导力"真正的含义是"领导力原则"。领导力体制并不指某种特定的组织形式。

四、经由框架实现统一和升维

框架，指系统框架，包括战略、文化、机制[1]、平台，以及整体的领导、组织与运行方式（包括相应的运行管理工具[2]）。框架是关于企业的系统形态和整体秩序。对于一个根本复杂性系统，非自治不能有效运行，非自治不能充分发挥各主体的潜能[3]。但自治不是放任，而是在框架下的自治，是在有效治理下的自治。企业需要把自由与秩序统一起来，把企业战略与个体自主性的发挥统一起来，把企业"主权"与个体的自由意志统一起来，把单兵和整体统一起来，这个统一两者的东西就是框架[4]。框架也是企业构建的一个工场和事业场景，功能包括吸引最优秀的人才，创造人与人之间的连接（连接会带来能量的增强），共享知识和能量，以及进行资源支持的有效调配等。

---

[1] 不仅指利益机制，还包括其他各种机制，如3M公司的"抽枝剪枝"策略就也是一种机制，是关于创新的选择机制。

[2] 例如：多年以来，谷歌管理公司资源的首选工具竟然只是一张电子表格，这张表格上列着谷歌最重要的100个项目，以供大家浏览并在半个季度一次的会议上讨论。这些半季度会议用来进行公司近况沟通、资源分配和头脑风暴。这个系统并不非常科学：多数项目按照优先顺序从1到5排列，但也有一部分项目被归为"新/最新"和"臭鼬工厂"（skunkworks）两类……无论在理念上还是在需求上，我们都不必做更长远的计划，如果有更重要的想法出现，工程师们会整理出思路，并对表格做出调整。——摘自中信出版社2015年出版的《重新定义公司——谷歌是如何运营的》（埃里克·施密特、乔纳森·罗森伯格、艾伦·伊格尔著，靳婷婷译）。

[3] 这也是自由市场经济体最具活力和生长性的原因。

[4] 我们经常所说的"内企业"，只应是一种有限企业模式。否则，它就不应该以"内企业"的形式存在，而应该以完全企业的形式存在。

第四章　主观能量态决定论

　　框架类似于建筑设计上的包含概念设计的总体设计，但并不排除向更详细的设计方向延伸——如果可以的话。框架，包括那些有知识含量的规则。规则是企业的一类知识性资产。企业文化也是规则，是要植根到人的意识和心理上的规则。同时，框架要具有"框架性"，不能过细或过于刚性，以给员工的自主性留有足够的空间。企业经由框架形成更大规模和更高级的能量态，这种能量态的塑造是企业家的工作。企业起于创始企业家的个人能量的发挥，但也要避免被个人所局限。

　　整体的领导、组织与运行方式是这个框架的重要构成，也是企业级的领导与治理体系。因为是以人为中心，企业的治理体系都具有个人特点和对每个领导人（尤其是企业家这个最高管理者）的适用性，这是对的。乔布斯说过：团队合作就是信任其他人能够达成目标，而无须一直盯着他，相信他们会完成任务；这就是我们做得非常好的地方；我们善于把一样东西拆分给每个优秀的团队，都为一个产品努力，经常互相联系，最后大家合在一起成为一个产品，这是我们的强项。

　　而库克在接手苹果公司后的十年里推动了公司管理风格的一些改变。在此期间，苹果围绕项目经理重组了团队，而他们的工作便是负责项目的全生命周期管理[1]。作为顶层管理者，库克和执行管理层为这些产品经理提供方向、资金、人员和工具，以助力项目成功。虽然这些项目经理确实要向执行主管报告，但他们有确保项目成功所需的自主权。

　　布兰森的方式则是：你必须是个很好的倾听者，你必须是个很好的激励者，你必须非常善于表扬别人，并善于发现别人的优点。人和花没什么区别，如果你用心浇花，花就会绽放。如果你用心赞美别人，就会激发别人的

---

[1] 任何项目/任务都是一个整体，需要有对应的主体承载它的整体性功能，我把这个需要称为"整体性组织需求"。没有这种功能的有效承载主体，企业将出现整体性功能缺位的问题。

才能，这是作为领导者的关键品质。我也学会了授权的艺术，我有一支很棒的团队，他们管理着维珍集团的公司，我给他们很大的自由来经营公司，好像是他们自己的公司一样，我给他们犯错的自由。

在谷歌，两位创始人对谷歌的管理方式很简单。在斯坦福大学时，计算机科学实验室的教授不会规定论文和项目的内容，只是给予指导和建议；同样，谢尔盖和拉里也给予员工很大的发挥空间，通过沟通让大家齐心协力向同一个大方向前进。他们对互联网的重要性及搜索的力量坚信不疑，并且与小范围工程师团队进行非正式的谈话，还会在每周五下午举办人人都可畅所欲言的"TGIF"（Thank God, it's Friday）大会，并在大会上与大家对话。

同时，企业的治理体系也有一个随企业发展而发展的过程。例如在谷歌公司[1]，差不多十年以来，公司所有重大业务决策都是两名年轻的创始人拉里·佩奇和谢尔盖·布林及由他们选出来的公司时任 CEO 埃里克·施密特一起制定的。谷歌前首席财务官帕特里克·皮切特（Patrick Pichette）在接受 *Mashable* 杂志采访时说："在公司创立初期，他们关系紧密，一起做出了很多重大决策。但随着公司变得越来越大，越来越复杂，这成了一个问题。"这个棘手的问题以及谷歌对此问题的最终解决方案促成了一个更加成熟的管理策略，让谷歌发展得更快，最后成了 Alphabet 这样一个巨无霸。

回想起来，谷歌的缺陷显而易见，但这种缺陷也让谷歌在不断增长和调整目标的同时重新考虑公司的领导层结构。作为公司首席财务官，皮切特自 2008 年加入谷歌起就对公司高层有了一个总体的了解。从他的位置上，皮切特发现谷歌的三人领导小组无意间给公司制造了一个巨大的"瓶颈"，仅是因为他们认为他们必须聚在一起来做决策。有很多次，产品团队焦急地等待

---

[1] 资料来源于腾讯科技2016年3月14日发布的消息。

这三名高管在经过两个半小时讨论之后给出一个决定,但却懊恼地发现他们其中一人去了外地,只能等待下一次讨论。"如果他们三人有一人不在公司,没有三人的一致同意,就不能做出决定,"皮切特回忆道。"我可以说,这种情况在某种程度上拖累了公司的发展势头。"

解决问题的方法在几个月后出台,那时已经是 2011 年底了。谷歌宣布了一个震惊科技圈的消息:佩奇将取代施密特成为谷歌 CEO,而施密特则担任董事长这一有时只是象征性的职位,布林仍然是联合创始人。从此,他们的职责变得非常明确:佩奇将负责主要科技和业务相关决策,布林负责主管谷歌眼镜和无人驾驶汽车等新产品。施密特则主要担当他们的顾问,以及负责企业关系和与政府接触打交道。施密特当时在官方博客中说道:"随着谷歌的增长,管理公司变得越来越复杂。所以,拉里、谢尔盖和我一直在讨论如何简化我们的管理结构,加速决策过程。"即使是现在,我们都可以从皮切特的话中听出他对这一调整的如释重负,"听到谢尔盖说'这个问题,是拉里负责',这是公司的重大转变,"皮切特说,"这给了我们很大的冲劲。"

自从 2011 年成为 CEO 之后,佩奇的兴趣是寻找新的公司结构,让谷歌变得更雄心勃勃,同时自己不再受累于烦琐的日程管理责任。一名前谷歌高管说:"他提出了很多他想做的事情,但他把 100% 的时间用于管理和协调高管之间的工作上。"解决办法涉及两方面。首先,佩奇培养了接班人桑达尔·皮查伊,由他来接管谷歌的运转工作,同时授予其他部门的高管更多的职责,而自己则负责掌控大局。2015 年,佩奇再一次震惊了科技圈:他宣布成立母公司 Alphabet。谷歌将只是众多的子公司之一,跟 Nest 和谷歌风投等公司地位平等。佩奇、布林和施密特仍然处在 Alphabet 的高层,其他许多高管都有可能成为 CEO,拥有做重大决策的自主权,再也不用等待这三人聚到一起进行长时间讨论了。

佩奇在宣布成立 Alphabet 之际说道："Alphabet 将推选出强有力的领导，让他们独立完成决策。概而言之，我们的模式是，CEO 负责各个子公司，我和谢尔盖为他们提供服务。"皮切特把这一决定看成是继 2011 年领导层变化之后，领导团队再一次走向成熟的标志。"你可以看到 Alphabet 又一次变成熟了，"皮切特说道，"各个子公司的 CEO 各司其职，拉里不用再负责谷歌烦琐的日常事务了。""他们十分擅长于根据形势和公司目标进行调整。"他继续说道。但是有一点没有变：他们三人都非常有雄心。

第五章 不同情境企业的主体发展任务

第一节 方向相同不等于任务相同

一、"B 趋 A"和"C 趋 A"

战略性生长主体，是作为主体的企业的正常态。不过，并不是所有的企业都（始终）是处在这种状态的，所以，企业除了业务发展问题之外，还有更为基础性的主体发展问题。战略性生长主体是所有企业作为主体的发展方向，尤其是 B 类和 C 类企业，或者说，处在 B 类和 C 类状态或阶段的企业。A 类企业也存在这个问题，只不过其含意是如何通过主体发展实现和保持更进一步的战略性生长问题。

显而易见，如果企业所处的情境和位置不同，那么它们的主体发展任务则不同（见图 5-1）。对企业主体的塑造和发展，是企业家的职责；企业主体的构造与管理，是对企业的更高层次的管理[①]，有其独特的问题、任务和逻辑。

---

① 也是企业家必修的企业管理学。

战略性生长——该如何经营企业

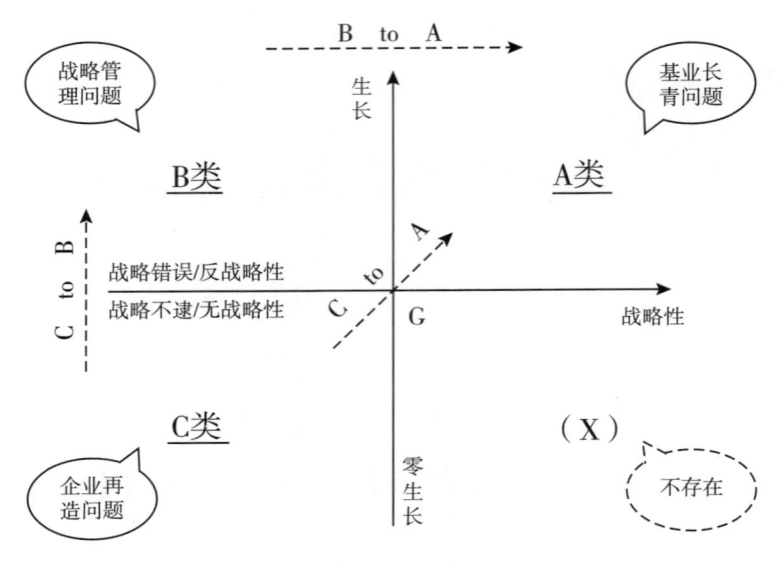

图 5-1　不同情境企业的主体发展任务

B类企业的主体发展任务是"B趋A",要解决的关键问题是战略问题。近期的微软公司就是个很好的例子。该公司的市值已从2014年纳德拉接任CEO时的约3000亿美元上升到现在(2021年8月)的超过2万亿美元。纳德拉在2018年的时候说过:对我来说,有两点很重要,一是确立清晰的目标感和身份感;二是在改变世界的过程中,展示目标感和身份感时要深入理解,我认为,在过去四年半的时间里,我们在这方面做得不错。

C类企业的主体发展任务是"C趋A",要解决的问题是企业再造和重塑的问题。C类企业的主体发展任务跨度较大,可能需要逐步实现,即首先是"C趋B",从生长起步,因为首要的是生长性问题。曾经的3M公司就经历了这样一个过程[①]。

1907—1914年,3M公司面临产品质量不高、利润低微、库存积压和现金周转困难的危机。当时的3M公司穷困潦倒,股票狂跌不止。1914年,3M公司把年

---

① 根据互联网公开资料整理。

仅27岁的麦克奈特提升为总经理。麦克奈特很快就开辟了一个5英尺宽、11英尺长的储藏室，投资500美元设置水槽和胶水槽，供实验和测试之用，创立了3M公司的第一个实验室。用人造的矿物实验数个月后，3M公司推出一种极为成功的新砂布，这个产品使3M公司发出了成立以来的第一次股利——每股6美分。由于此实验室对产品质量的提高效果显著，麦克奈特一年后就组建了更大的实验室，并成立了专职研发团队。从此，3M公司以技术为纲的创新文化开始形成。

麦克奈特外表虽然羞怯、谦虚，却有永无止境的好奇心和追求进步的驱动力，经常一周工作7天，而且他总是在寻找公司可以追求的新机会。例如在1920年1月，麦克奈特打开一封不寻常的信，信上写道：请把贵公司用来制造砂纸的每一种规格的矿砂样品寄给费城的印刷油墨、铜粉和金色印油制造商弗朗西斯·G·奥基。3M公司并不出售原料，所以这中间没有生意可做，但是麦克奈特一则受好奇心驱使，一则始终在寻觅可以推动公司前进的有趣新构想，他不断思考奥基先生为什么要这些样品，最终还是照做了。3M公司因此碰到了公司历史上最重要的产品，因为奥基发明了一种革命性的防水砂纸，后来证明在世界各地的汽车制造厂和油漆工厂里，这是极为有用的产品（奥基向许多家矿业和砂纸公司索取样品，但是除3M公司之外，没有一家愿意问他为什么需要这些样品）。3M公司很快取得使用这项技术的权利，开始销售"干湿两用牌"砂纸。麦克奈特不仅和奥基签约并感谢了他，还雇用了他！奥基把费城的工厂关闭，搬到圣保罗，成为3M公司专攻新发明方面的重要人物，一直到19年后才退休。1937年，麦克奈特主导建立了颇具规模的中心研究实验室，将3M公司彻底打造成一部全速运行的创新机器。

二、场力强大者则能书写传奇

当然，也有少数企业能直接实现"C趋A"。一个典型的案例就是乔布斯

战略性生长——该如何经营企业

回归后的苹果公司咸鱼翻身的过程。20世纪90年代初，苹果公司在约翰·斯卡利（John Sculley）的领导下市场占有率持续下降。用乔布斯的话说就是："斯卡利引进下三烂的人和下三烂的价值观，把苹果给毁了"；"他们只在乎如何赚钱——主要为他们自己，同时也为苹果——而不在乎如何制造出色的产品"；"Mac之所以输给微软，是因为斯卡利坚持尽可能地榨取每一分利润，而不是努力改进产品和降低价格"。斯卡利以牺牲市场份额为代价追逐利润，最终结果是利润消失。

到1996年，苹果的市场份额已经从20世纪80年代末16%的最高点下降到4%。1993年取代斯卡利担任苹果CEO的迈克尔·斯平德勒（Michael Spindler），试图把公司卖给Sun、IBM和惠普。失败后，斯平德勒在1996年2月被吉尔·阿梅里奥（Gil Amelio）取代。在阿梅里奥上任的第一年，苹果公司亏损了10亿美元，股票价格从1991年的70美元跌到14美元，而当时，高科技泡沫正把其他公司的股票价格推向史无前例的高点。当乔布斯于1997年重新执掌大权时，苹果公司正值最低谷。现金仅够维持一个季度，濒临破产。而当今，它已成为全球最赚钱的公司。

下面，让我们来看看乔布斯回归后的心路以及他都做了些什么[1]。归纳起来看，乔布斯所做的就是使苹果重回战略性生长的轨道。

其一，回归苹果后，乔布斯一开始的动作之一就是炒了前CEO吉尔·阿梅里奥的广告代理团队，重新启用了老搭档李岱艾广告团队。同时，他解聘了大部分阿梅里奥时期的高级营销团队成员，并任命艾伦·奥利弗（Allen Olivo）为新的营销团队领导。从他在公司内部做的一次分享，可以进一步看出他对营销及公司的定位：

对我来说，营销讲的是价值观。这是个复杂的世界，喧嚣的世界，我们

---

[1] 根据《你所做即你所是：打造企业文化的策略和技巧》（本·霍洛维茨著，钟莉婷译，中信出版社2020年7月出版）一书中的有关内容及互联网公开资料整理。

没法让人们铭记我们,没有一家公司能做到。所以,我们要非常清楚——我们想让人们铭记我们什么,并非常清楚地把它传达出来。

8周前,我们开始工作。我们提的问题是,消费者得知道:苹果是什么?它代表什么?在这个世界上它处于什么位置(地位)?我们不是只是制造一些"盒子",帮助消费者完成工作或者事情,尽管在这方面我们做得比谁都好,甚至在某些地方,我们做到了最好。

但苹果不止于此,苹果的核心价值观在于,我们坚信有激情的人能让这个世界变得更美好。我们一直有机会和这样的人合作,和软件开发者,和用户,和你们,或多或少地在改变这个世界。我们确信,人们能让这个世界变得更美好。只有那些疯狂到以为自己能够改变世界的人,才能真正改变世界。

所以近几年内苹果计划开展首个品牌营销活动,让公司回归核心价值观。很多事情都变了,如今的市场行情跟10年前完全不一样了,苹果的产品、制造、分销策略不一样了,苹果的市场地位也是如此,我们明白这一点,但苹果的核心价值观不能变,苹果核心价值观认定的东西,就是今天苹果坚信的和所代表的东西。

所以我们希望找到一种方式来传达苹果的核心价值观,然后我们做了一个营销广告,它感动了我。这次营销的主题是"think different"(不同凡响),我们要赞美能"think different"的人,他们是推进这个世界前行的人,我们应该向他们致以崇高敬意。这是苹果做的事,它触及了苹果公司的灵魂。我希望你们能和我一样,看了之后,能产生共鸣。

我觉得这个广告做得很棒。它阐述了我们是谁,我们代表什么,为什么在这个世界上,它还很重要。我知道有些人会批评,为什么不讲讲我们有更好的"即插即用"功能,但是首先我们要让消费者明白苹果是什么。

非常感谢这个房间内外员工的奉献,大家一起来拯救这个公司。这个公司绝对会活过来。现在的问题不是能不能把苹果救回来,问题是我们能否让苹果再次伟大。

其二，出任 CEO 后他做的第一件事就是停止将 Mac OS 操作系统出售给其他硬件供应商。他以迅雷不及掩耳之势停掉了苹果公司大多数产品的生产线，包括多种型号的台式机、所有的服务器、打印机及牛顿掌上电脑。

乔布斯看问题的视角完全不同于常人。在一次全员会议上，他问大家："请告诉我这个地方有什么不对？"他自己给出了答案："产品！"接着他又问："这些产品有什么不对？"他再一次自问自答："这些产品糟透了！"

在他眼中，问题不是出在个人电脑产业带来的经济结构上，而是出在产品本身。苹果公司要做的是推出更好的产品。为此，他需要对公司文化做出调整，但调整的前提是，他只能基于苹果公司的优势，而非微软公司的优势。

整合软件和硬件，这一直都是苹果公司的核心优势。在巅峰时期，苹果没有将关注点放在中央处理器的速度及内存的大小等行业指标上，而是致力于打造像麦金塔电脑这样能够激发人们创造力的产品。

在整合方面，苹果公司堪称第一。部分原因是它对产品有着全局把控，从用户界面到硬件的具体色彩，无一遗漏。乔布斯将那些与他一样看重用户体验的完美主义员工留在了身边。他曾这样评价其中一个员工：设计师乔尼·艾维，"他比所有人都更清楚我们该做什么"。

1998 年，乔布斯推出 iMac。就在那时，他宣称自己正在有效终止苹果多条产品线（除了两种型号的电脑）的运营。苹果将不再生产种类如此繁多的产品，它将只生产四款产品，就是家用版和非家用版的台式机及笔记本电脑。产品线的缩小带来两重影响：首先，终结了因维持种类如此繁多的产品而造成的资源分散的局面；其次，给人们带来全新的苹果产品理念——苹果产品的目标不再只是生存。从此以后，苹果的每个产品要么是"最优等级"，要么干脆就不会被生产出来。

通过对产品线进行大幅度的重新定义，乔布斯推出了至今仍对苹果具有指导意义的理念。简单来说就是：品质第一，数量第二。乔布斯重新构建起苹果在创新、设计、信赖度和工艺方面的声誉。这使苹果与竞争对手拉开了距离，并助力其成为名副其实的高端品牌。

乔布斯压缩了产品生产线，以确保公司能集中精力打造完美的用户体验，那些以提高机器规格、配置、速度为目标的，不关注用户感受的工作被放在了一边。日复一日，他逐步推出了iPod、iPad、iPhone等产品，但从未"横向"拓展过——他始终将软硬件打包经营。为了进一步提升用户体验，乔布斯还开起了苹果商店，这家商店后来发展成为全球零售业界的佼佼者。后来，他也一直强调专注去做几个产品，而不是把摊子铺得到处都是，另外还要打造一流的人才团队。

其三，用艾伦·奥利弗的话说就是，一眨眼的工夫，乔布斯就让苹果的"简单的、愚笨的方式"复活了。艾伦的意思是，乔布斯重构苹果的方式是职能驱动型的，此方式既清新又简洁。谁负责什么事，非常清晰。"不要管她的事，因为我会去管。如果她不好好干，我会开了她。你管好自己的事吧，因为我会监督你"。

回归苹果后，乔布斯努力清除苹果过去11年形成的条条框框，他试图简化苹果复杂的管理层级。不再有各种委员会，也不再有复杂的审批流程。他要恢复创业精神，鼓励创新思维。乔布斯的目标是再次让苹果成为创新型企业。为此，他需要招募具有创新能力的人才，他们的创新要给人以耳目一新的感觉。

他参与到公司业务的所有方面：产品设计、业务整合、供应商谈判，以及广告代理商评估。他还认为必须止住苹果高层员工的流失，所以他决定，要给他们的股票期权重新定价。苹果股票已经跌了太多，期权已经变得毫无意义。乔布斯想降低行权价格，这样期权就又有价值了。

其四，在考虑了该从何处着手后，乔布斯便去了苹果设计团队的秘密驻扎地。在那儿他见到了乔尼·伊夫及其设计团队成员。当时苹果公司对突破性设计毫无兴趣，乔尼及其团队实际上已心生厌倦，打算离开。在阿梅里奥执掌苹果期间，公司对设计的重视程度下降。由于仍然想让公司撑下去，阿梅里奥的管理团队非常谨小慎微，不想做任何大的转变。而冒险的设计就是大的转变。乔布斯让乔尼放心，说设计将在重整后的苹果公司发挥重大作用，并且说服乔尼留下。

乔布斯授权给乔尼及其设计团队。他确保具有人性化的创新精神（在过去数年，这种人性化创新精神已受到侵蚀）的人在管理层有一席之地。通过这样的举措，乔布斯为停滞不前的公司确立了一个显而易见的行动焦点。这一下子就再次表明了苹果的使命、文化，以及价值观。

其五，他指定他的好朋友阿维·泰瓦尼安负责软件工程。硬件方面，他找来了乔恩·鲁宾斯坦，当年 NeXT 还有硬件部门时，鲁宾斯坦担任同样的职务。乔布斯还找来了比尔·坎贝尔，他曾经在 20 世纪 80 年代初负责苹果的市场部，然后卷入了斯卡利和乔布斯的斗争，最后站在了斯卡利一边，但是后来他变得特别讨厌斯卡利，因而乔布斯原谅了他，他现在是 Intuit 公司的 CEO，也是经常跟乔布斯一起散步的朋友。伍拉德帮忙请来了杰里·约克（Jerry York），约克曾经先后在克莱斯勒公司和 IBM 公司担任首席财务官。

这些年来，乔布斯请到很多优秀的领导者加入苹果董事会，包括美国前副总统阿尔·戈尔（Al Gore）、谷歌的埃里克·施密特（Eric Schmidt）、基因泰克（Genentech）的亚瑟·莱文森（Art Levinson）、GAP 和 J. Crew 公司的米奇·德雷克斯勒，以及雅芳（Avon）的钟彬娴（Andrea Jung）。

其六，乔布斯继续不满于必须向一个自己并不敬佩的董事会汇报。他告诉伍拉德："这家公司岌岌可危，我没时间哄董事会开心，所以我需要你们全都辞职。要不然我就辞职，下周一不回来上班了。"他说只有一个人可以留下，那就是伍拉德。董事会又一次默许了。他们只提了一个要求：可否除了伍拉德之外再多留一位董事，那样看起来好一些。乔布斯同意了。

他们就开始投票接受辞职，把乔布斯选入董事会，还授权伍拉德和乔布斯寻找新的董事会成员。不出所料，乔布斯的第一个人选是拉里·埃利森。埃利森说他愿意加入，但他讨厌参加会议。乔布斯说他只要来参加一半的会议就行（过了一阵子，埃利森就只参加 1/3 的会议了）。

1997 年 9 月 16 日，乔布斯宣布他将接手临时 CEO 这个职务，临时 CEO 这一名称也自然被缩写成了 iCEO。他的承诺显得没什么把握：不领薪水，也不签合同，但是他的行动却没有丝毫踌躇。他掌管一切，唯我独尊。

乔布斯雄心勃勃地想建立一家可以长盛不衰的公司，他问马库拉如何实现。马库拉回答说，长盛不衰的公司都知道如何重塑自我。惠普就在不断这样做：它以生产小仪器起家，后来成为生产计算器的公司，再后来成为生产计算机的公司。"苹果在个人电脑领域被微软挤出了局。"马库拉说，"你必须重塑公司，做点儿其他东西，比如其他消费品或电子设备。你必须化蛹成蝶，完成彻底的蜕变。"乔布斯没多说什么，但是他同意这一观点。

当然，也只有乔布斯这种场力强大的人才能书写这样的传奇，这实际上包括两个方面：制造不断革新、不断变化的伟大产品；建立一家有持久生命力的公司。主体重建的关键性内容是对它的精神世界（本体）的重建，国家和企业都是一类主体；如果说成人的主观世界是不可被再造的，则这种重建必然涉及对人的更换，尤其是核心人员和领导者的更换。

三、引申一下

战略性生长，也是企业转型升级的最有效、最现实的实现方式。微观的、实质性的、有效的和有质量的生发、生长是转型升级的基础。企业再造是战略性生长的结果。企业再造的关键问题其实是实现方式问题，而非方案问题，即要以战略性生长的方式去进行再造。

战略性生长——该如何经营企业

第二节 向"企业性"的方向回归

一、卓越企业是更具"企业范儿"的企业

处于不同情境的企业的主体发展任务不同,但实质相同。卓越企业(时期),都是最具"企业性"的企业(时期)。战略性生长是对"企业性"的高度抽象。"企业性"在具体上又是丰富多样,不拘一格的。实践者们为我们提供了很多这种内容,我又将关于企业的这类行为和特征称为"企业范儿"(enterprise style),也即作为企业的这类主体应该具有的品质。这里列举一些,也给大家一些真实感。

如乔布斯谈道:苹果的一个关键就是,我们是非常团结合作的集体。你知道我们有多少个委员会吗?我们没有委员会,我们的架构就像初创公司一样,一个人负责 iPhone 系统软件,一个人负责 Mac 硬件开发,一个人负责 iPhone 硬件工程,一个人负责全球推广,一个人负责所有的运营。我们的管理就像初创公司,我们是地球上最大的初创公司。我们每周都开一个三小时会议,讨论所有的工作与事业,在公司的高层有着非常好的团队合作。

如纳斯达克前任 CEO 罗伯特·格雷菲尔德认为:透明度能构建信任,减少戏剧性场面。领导者从一开始就应该告诉别人你要干什么。当他们看到你贯彻自己的意图并采取相应的行动时,他们就会欣赏你的坦率和诚实。如果你不透明,就为各种各样的负面事件埋下伏笔。流言蜚语、含沙射影和无端猜忌将一一出现[①]。

如亚马逊对员工是高标准、严要求,且寄予厚望,希望他们能够应对挑战。

---

① 在企业中,隐晦和隐晦的表达方式并不是一种美德。有话直说就是效率,但企业首先要有这种组织环境。

146

在 Chop 会上（Chop 早先指头脑风暴、计划等研讨会，现泛指贾西召集的各类重要会议），亚马逊云计算部门负责人安迪·贾西（Andy Jassy）常常会提出尖锐的问题，也会就某个想法反复争论，还会直接否掉创意、裁撤毫无准备的员工。

如比尔·盖茨说：在微软，员工拥有平等的晋升机会，哪怕他仅入职三年。懂战略的可以升职，编程能力出色的可以升职，领导力优秀的可以升职，有其他杰出贡献的也可以升职，这些人都可以看到清晰的晋升渠道。

如在英特尔创建初期，诺伊斯奠定了公司文化，开创了没有墙壁的隔间办公室新格局，取消了管理上的等级观念。在与高级经理打交道时，格鲁夫提倡"建设性对抗"，他认为这是一种不加掩饰的坦率，旨在确保问题暴露出来，并得到有效解决。

如为了鼓励提高沟通效率，谷歌公司尽可能打破上下级之间的等级关系。普通的工程师甚至可以挤到总裁的办公室工作，甚至把总裁赶出去。普通员工也可以在办公室布置自己认为必要的一些设施，只要他认为这样做有利于提升自己的工作效率就行。

如在人的匹配方面，亚马逊的内部转岗机制特别灵活，且取消了最低工作年限的要求。可能的情景是两周前你还拥有这名员工，但过两周就不知道下属去哪了，可能他已经非常高兴地加入了一个神秘组织，从此音讯全无。所以亚马逊人其实都面临着管理人才、吸引人才的压力[①]，底下的员工都跑了，事情没人做就得靠自己做。

如任天堂前社长岩田聪一说：在名片上，我是一位会社社长；在思想上，我是一位游戏开发者；但在内心里，我是一名玩家。我们把所有游戏的开发标准，形象地称为四个"I"：第一，是否足够创新（Innovation）？是否与

---

① 主观上的放弃和懈怠往往在不知不觉中就发生了，诸如此类的组织上的压力是必需的，也是企业作为一个组织可以制造出来的，这也是组织中的人有时候会比自然人更富有工作成果和效率的一个原因。

战略性生长——该如何经营企业

以前的有所不同？第二，是否足够直观（Intutive）？游戏操控起来，大方向是否感觉自然？第三，是否足够吸引人（Inviting）？是否让人想要一直玩下去？第四，是否足够有互动性（Interface）？玩家是否能和游戏构建新的连接方式？当然，能够同时完美做到以上四点的游戏少之又少，但在任天堂我们就是这样要求自己的。

如乔布斯说：我的工作不是赢得人气比赛。我觉得我的工作是，帮助苹果团队做正确的事情，来扭转公司的颓势，这样它才能再次繁荣起来。

如Facebook在企业内部推行创新文化，公司鼓励雇员勇担风险，敏捷行事。他们没有加薪或晋升的固定时间，在Facebook只要完成一个重要项目并且在规定的时间内达成目标，公司会立即对项目成员进行加薪和晋升。当然如果做假，也会有很严厉的惩罚。Facebook还很善于在公司迅速成长时替换已不合时宜的高管。

如马斯克在2021年10月第一周发给特斯拉员工两封电子邮件，其中10月4日的邮件写道：如果我发了一封带有明确指令的电子邮件，经理们只能有三种行为：①给我回邮件解释一下为什么我说的不正确，有时候我完全是错的；②如果我说得不清楚，请进一步求证；③照我说的方向执行。如果以上几点都没有做到，相关经理就立即辞职走人。

如摒弃一切不企业的东西，比如官僚主义、企业政治和不合规则的人情世故等[1]。企业就是企业，一切活动以"企业"为目的，以"企业性"为评判标准；企业内没有上下级的等级观念（但不表示没有结构），大家就是聚在

---

[1] 举个例子，有人对特斯拉（上海）的观察和印象：没有办公室政治，就是做事。想尽一切办法提高效率、降低成本。所有的规则都事先和你说明，一旦违反，坚决执行，该开除就开除，该解雇就解雇。很多被解雇的员工去打官司、劳动仲裁，很多是特斯拉输。特斯拉该赔就赔，但坚决不收回成命，坚决不道歉。特斯拉对供应商很严，违反了它的规定，六亲不认，把很多很有实力的大企业都赶走了，但留下的供应商总体是很开心的，因为特斯拉付款好，而且都是给现金。特斯拉的理念是只做价值增值的事，别的不做，而且它真的这么做了。

一起做事情；企业之间纯粹的为竞争而竞争的竞争将会减少，人们会更多地从企业目标的维度而不是单纯从竞争的维度处理企业间的竞争问题等。

如更加强调解决人的问题，扩大企业的企业家型人才规模，提高企业的企业家精神的浓度，提高企业的人才规模和密度，更充分地发挥人的作用，以及尽可能地消减组织中的"情绪劳动"[①]。如维护规则[②]，认真对待奖惩，并避免"破窗效应"[③]的产生等。

向企业性回归，还包括作为集体意志（或主观）的企业文化向企业性文化的回归。如索尼掉队的两个重要原因之一是索尼自己的文化。脱胎于日本文化的索尼企业文化严格遵守长幼尊卑的秩序和谨小慎微的作风。这样一来，位高权重者如果不作为，那下面的人只能看着，什么都做不了。加上索尼内部的办公系统非常烦琐，内部沟通一个建议要由下至上、一个决策要由上至下地逐级递进，一方面信息逐渐失真，另一方面时效大打折扣。但没有人打破索尼维系了这么多年的企业文化。庞大的索尼帝国更像是各自为营

---

① 情绪劳动（emotion labor）的概念由美国社会学家Arlie Russell Hochschild于1983年首次提出，她通过对Delta航空公司空服人员与乘客交往的调查发现，在服务过程中，为了有效完成工作，除了需要提供脑力和体力方面的付出外，员工还需要调控他们的感受及表达。Hochschild把需要通过情绪方面的努力才能完成的工作称为情绪劳动。Hochschild后来在《组织中的情绪》一书中，将"情绪劳动"的所指扩大到"不管任何工作，只要涉及人际互动，员工都可能需要进行情绪劳动"。主观上的负担过重，会占用主观资源，以及限制意识的自由度和活跃性，尤其不利于人的自主性和创造性潜能的发挥；经济负担和心理负担，都会造成主观上的负担。

② 卢梭在《社会契约论》说：一旦法律丧失了力量，一切就都告绝望了；只要法律不再有力量，一切合法的东西也都不会再有力量。

③ "破窗效应"源于美国斯坦福大学心理学家詹巴斗的一项实验：他找了两辆一模一样的汽车，把其中一辆停放在秩序井然的帕罗阿尔托中产阶级社区，而另一辆停在相对杂乱的布朗克斯街区；停在布朗克斯的那一辆，车牌被摘掉了，顶棚被打开，结果这辆车一天之内就被人偷走了，而在帕罗阿尔托的那一辆，停了一个星期也无人问津；后来，詹巴斗用锤子把那辆车的玻璃敲了个大洞，结果仅过了几个小时，车就不见了。根据这一实验结果，政治学家詹姆士·威尔逊（James Q. Wilson）和犯罪学家乔治·凯林（George L. Kelling）提出"破窗理论"（Broken windows theory），该理论认为当一些不好的行为和习惯出现在环境中时，由于没有人进行管理而被放任存在，就会诱使人们仿效，甚至让这种现象变本加厉。例如，一幢有少许破窗的建筑，如果那些窗不被修理好，可能将会有破坏者破坏更多的窗户，他们甚至会闯入建筑内，如果发现无人居住，也许就会在那里定居或者纵火；一面墙，如果出现一些涂鸦没有被清洗掉，很快，墙上就会布满乱七八糟、不堪入目的东西；一条人行道有些许纸屑，不久后就会有更多垃圾，人们会很自然地将垃圾顺手丢在地上。

的藩镇，one sony 会议定期举办，各子公司轮流做东，但大家想的都是怎样瓜分利益。如当年索尼电子的随身听被索尼音乐百般阻挠，因为数字音乐会影响实体唱片的发行；当年索尼移动的手机并未共享索尼摄录设备和音乐播放设备的业界逆天优势，因为子公司自持专利版权。如果这些子公司可以不计前嫌、不计得失地整合彼此的资源，索尼再称霸世界十年都毫无悬念。

企业性的企业文化，即以战略性生长为价值指向的企业文化。如桥水公司极度透明的企业文化、乔布斯时期苹果公司"活着就是为了改变世界"的企业文化、谷歌公司的工程师文化和质疑文化[1]、亚马逊公司的 day1 文化和痴迷于关注客户的文化、3M 公司的创新文化、英特尔前 CEO 格鲁夫提倡的"建设性对抗"文化[2]、facebook 的交流和开放的企业文化[3]、Automattic 公司的价值导向文化[4] 等，都属于"企业性"范畴的文化。企业文化应是指向企业本质的，是各企业的企业性的精神实质。企业文化同样必须具有"企业范儿"。卓越企业的企业文化都会具有某种相似性和内在的同质性，尽管它们在具体上可能各不相同。

---

[1] 要营造任人唯贤的环境，我们必须创造一种强调"质疑"的文化——摘自《重新定义公司——谷歌是如何运营的》一书。

[2] 安迪·格鲁夫培育了一种"知识力量"否决"职位权力"的企业文化。在英特尔，每个人都可以对别人的观点提出挑战；条件是对事不对人，随时准备对自己的主张"加以证明"。格鲁夫在英特尔没有独立的办公室，像每位员工一样，只有一张一模一样的办公桌；他在公司也没有特殊的停车位，他在办公环境方面并不比普通员工享有更多的特权。

[3] 扎克伯格在《自由时间孕育自由思想》的演讲中曾表示："在Facebook，有一点我非常关注，那就是友好的企业文化。我让员工抽出20%的工作时间泡在一起，而不是去忙各自的业务……这样一来，我们就营造了一种文化，使人们可以随意交流，而且让他们能够比在官僚的机构中，或者比在个人观点不被重视的地方更好地了解彼此的想法，因为交流更顺畅了，思想互相碰撞，最终就会有人开始着手做些什么。"如扎克伯格希望员工知道，大家走到一起做这样一家公司究竟为了什么，我们为什么做这个产品、不做那个产品，这些产品有没有碰到什么问题，碰到了如何解决，公司接下去的发展方向是什么……大家对公司有任何疑问，都要尽可能沟通好，增加透明度，增加彼此的信任感。这种透明度也有利于构建员工的心理安全空间。

[4] Automattic创始人兼CEO文马特·穆伦维格说："在Automattic，我们不会在乎你是否符合'好员工'的所谓标准，而是专注你所创造的价值。"

二、这种回归，也属于整个商业世界

向本质回归，是事物演进的基本方向。向企业性的方向回归，是企业个体发展的基本方向，也是商业世界整体演进的基本方向。商业世界的演进是个矢量，商业文明的进化有自己明确的方向。

为了把这个意思说清楚，我在这里把企业的构成简单区分为两部分：战略性生长部分和生产运营部分，或者说，创新性系统和生产性系统。在工业时代，看上去是生产、销售、运营①等"生产性"功能居于企业的主体和主导地位；企业管理的重点是关于生产和运营的质量、成本、效率，以及对市场份额的争夺；创新性系统，仅是作为企业过程的起点或整个体系的从属部分而存在（见图 5-2 中的Ⅰ和Ⅱ）。商业世界在群体上呈现的是一般工业企业的特征。

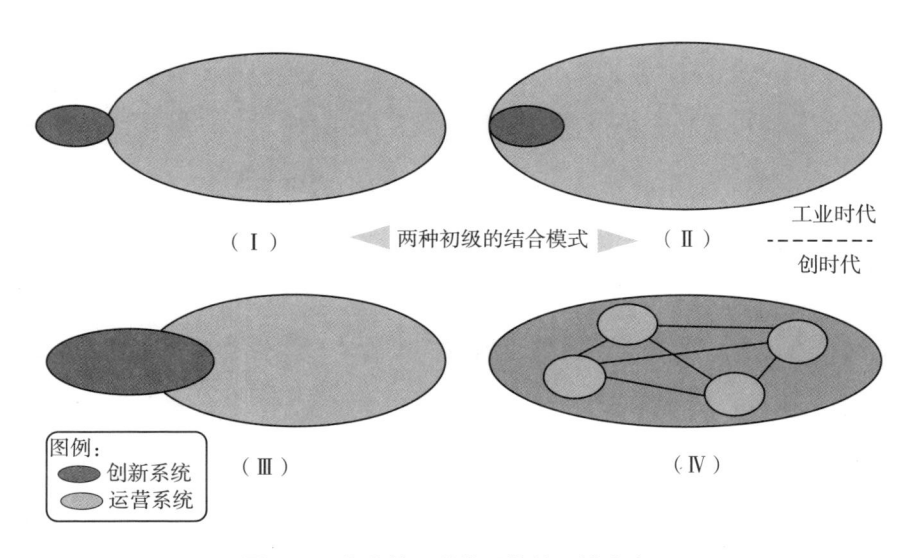

图 5-2 企业的两种体系的关系模式变迁

---

① 生产、销售也是广义运营的构成。

战略性生长——该如何经营企业

而在当下及未来，则会是创新性系统在企业中占据主导和主体地位（见图 5-2 中的Ⅳ，Ⅲ是一种中间态）；生产性系统则退居边缘和从属位置，而且多半还不是完整的生产运营功能，而主要是生产和运营管理功能，纯粹的生产性活动将被大量外包。

这是因为，由于竞争的加剧，企业对战略性生长（或创新）的需求会不断增加，创新系统在企业系统中的比例和地位趋于上升，企业逐渐走向以科技和产品等创新为基础的多维和多点，甚至全域的创新发展模式，呈现出典型的创新型企业的特征。换句话说，在竞争的作用下，企业终将摒弃那些没有多少企业意义的行为和特征，以及完成非本质属性的边缘化和功能结构的转换。如亚马逊真的是在系统性地把整个公司产品化，打磨那些被证明可行的业务，修补那些高潜力业务，再砍掉其他没什么意义的一切。

昔日个别卓越企业的行为和特征，将成为商业世界中企业的一般行为和特征。如 3M 公司第二任总经理麦克奈特在那时就敏锐地了解到：鼓励个人首创精神会产生进化式进步的原料——没有方向性的变化，他也明白这种变化后来并不是都有用；（给大家自由，并且鼓励大家自主行动）一定会造成错误，但从长期来看，如果管理层独裁，告诉手下人应该怎么做事，大家犯的错误一定不会比管理层犯的错误严重；然而，管理层犯错误会造成毁灭性的影响，会扼杀首创精神；如果我们想继续成长，一定要有许多具有首创精神的人。3M 公司的创新文化和在管理上的很多做法，在当时是少见的，但在今天，则几乎成了企业经营管理的常规。

战略性生长，在任何成功的和作为一个过程的企业中都有（或都有过），对当下及未来而言，只是其在企业中的比例和范围扩大了。当这种扩大超过某个临界点时，战略性生长就成为商业世界的一种整体现象。所以谷歌才会认为：未来企业的成功之道，是聚集一群聪明的创意精英，营造合适的氛围和支持环境，充分发挥他们的创造力，快速感知客户的需求，愉快地创造相应的产品和服务[①]。

创业型企业是更接近于企业本质的企业。未来的商业时代，将是一个更接近始终处于创业状态的企业的时代。企业的"创"化和知识化，是基本趋势，也应被作为所有企业的基本主体战略。亚马逊的"Day1"企业文化，乔布斯说苹果是全球最大的创业企业，亦是在说亚马逊和苹果公司已经是始终处在"企业性"状态的企业，是完全回归到企业的本质的企业了[②]。企业的本质并非显而易见，并常常被淹没在一些时代性的特征之中[③]。

这种回归也使得企业及其盛衰成败越来越具有个人色彩，不再是工业时代的那种只看得见企业而看不见人的感觉。比如当我们想起 IBM、GE、西门子、波音、高盛等，大脑中出现的可能主要是公司（如蓝色巨人）的形象；而当我们想起苹果、亚马逊、特斯拉、Facebook 等公司时，大脑中出现的则多半会是乔布斯、贝索斯、马斯克和扎克伯格的形象。这就是区别，也是趋势[④]。

三、必然伴随着对管理的"颠覆"

向"企业性"回归，必然伴随着对以往的主流管理模式的"颠覆"。站在当下的角度来说，就是对工业时代的企业管理的颠覆。正如谷歌公司认为[⑤]，有关管理策略，当时我们唯一确定的就是：我们在 20 世纪所学的东西

[①] 摘自《重新定义公司——谷歌是如何运营的》一书。

[②] 国人的主观，有很多"反企业性"的地方，比如确定性、稳定性、从众、因循和定式性心理，比如构建性思维、具体知识而不是理论偏好、策略和现实机会主义、权力和权威观念、不尊重个体等。这种"反"其实也是一种"不及"。中国企业卓越发展的前提包括这种主观的转变。

[③] 在上个时代，是被淹没在工业企业的特征之中；而在当下，则又将有可能被淹没在互联网企业的特征之中。这种淹没会造成误导，表现为人们总是在跟随潮流而非聚焦在关于企业经营的根本性问题上。

[④] 另一方面，这也更加需要企业有补充和突破个人的局限性与有限性的组织方法。

[⑤] 摘自《重新定义公司——谷歌是如何运营的》一书的前言。

有一大部分都是错误的,现在到了颠覆过去、重新开始的时候了。谷歌公司的核心理念,就是找到最聪明和最有创意的员工,把他们组织起来把某些工作做到极致。为了鼓励创意的产生,传统的管理制度、发展战略等统统要让位。1998年,谢尔盖和拉里创建了谷歌公司,而当时两人并没有接受过任何商业方面的正式培训,也没有任何相关经验。两个人并没有把这一点当作负担,反而觉得是一种优势。

再如Automattic创始人认为,远程办公之所以能够完美运转,主要原因在于公司扁平的管理架构和100%的透明度。Automattic的前员工Scott Berkun在他的书中提到,在以互联网为代表的数字化劳动力转型浪潮当中,创造者们才是公司的核心,而不是职业经理人。对于像程序员、写作者、设计师这样的创造者而言,固有的管理模式正在扼杀他们的创造力。数字型企业与制造业并不应该沿袭同一种管理模式、办公模式。

而奈飞公司更是认为,不颠覆,无创新,他们就是想挑战20世纪建立起来的那套传统的管理实践,从而寻求适合21世纪的方法。

我们总是喜欢留恋过去,但又总是只有未来是需要面对的。可以肯定的是,对于做企业的人而言,如果总是停留在上一个时代的企业管理的思维和观念上,注定不会在下一个时代取得成功。以当下为例,源于工业时代的关于企业管理的思维、观念和知识体系,都正在显得老旧、落后和不合时宜;诸如分工、流程管理[①]、岗位管理等这些与生产型企业相关的概念开始变得不那么重要;需要从职业管理者治理走向专业治理和领导力治理,以及扩大自由而不是增强管控;而组织设计,则需从传统组织结构图上代表部门和岗位的小方块回归到人身上;等等。

同时,不能站在低维世界看高维世界的问题,即不能站在工业时代企

---

① 流程是一种工艺性方法,包括技术性流程和管理性流程,技术性流程是基础。

业管理的角度看创新型时代的企业管理问题。也不能站在低级企业的维度看待低级企业向高级企业发展的过程中遇到的问题。如果说工业企业是一个三维世界，那创新型企业就是一个四维世界。三维世界的人，看不见、也看不明白四维世界的现象；三维世界的思维思考不了四维世界的问题；工业时代的思维思考不了当下及未来时代的企业管理问题。低维世界的极限并不触及高维世界的边缘[①]。对企业个体而言，从工业企业管理向创新型企业管理的转换，并不能是一个渐变的过程。

从低维到高维是一种能量态的骤变[②]和跃迁。传统的一般框架下的优化也好、改进也好，都已经不能解决问题和满足需要。我们需要刷新我们关于企业管理的基本观念和思考问题的基本框架；我们需要重置关于企业管理的整体模式和基本逻辑，并发展出我们关于企业管理的新理性和新常规。

[①] 这也对新一代企业家的主观世界的层次提出了更高的要求。工业时代的企业家，也不要认为自己还能轻易胜任新时代的企业管理工作。

[②] 生产型企业的管理和创新型企业的管理，就像模拟技术和数字技术，是两代技术，两种平行的技术。

第三节　增强 E-P-S-B 系统

一、企业系统解构

企业需要通过对企业这部商业机器的打造去实现战略性生长。企业发展过程也是一个建立和不断增强企业系统的过程。要做好这类工程，我们首先要知道企业这类商业机器的基本构造。关于它的构造，可以有很多个解构的维度，但我们要找到那个最有效的维度。图 5-3 是我对企业这类主体的一般性解构。它也很好地体现了企业发展的两种基本力量：人的力量和系统的力量。

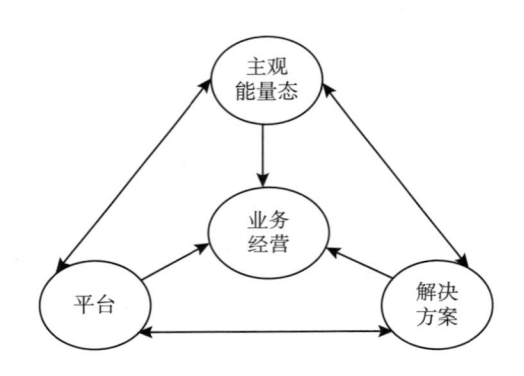

图 5-3　企业系统模型

在 "E-P-S-B" 系统模型中，E（Energy state，能量态）、P（Platform，平台）、S（Solution，解决方案）、B（Business，业务）分别为四项构成的英文首字母，因此，我将其命名为 "E-P-S-B" 系统模型。业务经营系统是企业作为能量态的显态，主观能量态是企业作为能量态的隐态[1]。

该系统也可以看成一个 "1+3" 系统，即 E+（P、S、B）。P、S、B 都是

---

[1] 隐态决定企业将来的业务态。显态易见，而隐态不易见，且一直处于流变中。也因此，企业将来的价值（变化）往往不太容易准确预测。

第五章　不同情境企业的主体发展任务

E 衍生出来的，E 是本体和根本的决定性力量。主观能量态，是最底层的能量态，是企业发展的引擎，是推动企业发展的隐形力量，是企业具有战略基础意义的管理项。企业最初是"1+∅（空）"的系统形态；创始人即是那个 1，然后生发出其他部分，其中的主观能量态也从一个人的主观能量态增大到一群人的主观能量态。

该系统还可以被看成是一个"3+1"系统，即（E、P、S）+B。E、P、S 即企业作为主体的部分。主体构造未变，主体性能未变，企业作为一个主体就没有转型和进化。主体是为业务经营而建的。业务，包括现实业务和潜在业务，现实业务是曾经的潜在业务。主体发展问题是企业的底层问题，企业转型涉及的主要是这类问题。长期来看，企业的竞争，是企业作为主体的基本构成的竞争，是企业作为主体的基本构成要素方面的竞争。企业是一个市场主体和业务经营体叠加的系统。企业的强大，表面上是业务竞争力和规模的强大，实则是主观能量态和主体的强大。

平台的本质是共用基础价值或功能而非交易模式。平台应是按专业构建的，以获得专业深度和规模经济，以及形成有助于专业发展的环境。解决方案即企业系统中的管理部分。该系统还可以被看成是另一种"3+1"系统，即（E、P、B）+S，也即"管理对象 + 管理"系统，其中，E、P、B 是管理对象，S 是管理。解决方案是可以通过学习获得的，比如丰田汽车的"安灯"系统就被很多企业学习。不过，对别人的方法等的学习，学的应该是抽象的方法[1]。

---

[1] 抽象的目的是触及实质。可以听一听贝索斯关于"安灯"系统的一段话：我们的仓储中心和客户中心，一直努力避免缺陷环节持续到生产线下游。首先把这条原则做到极致的是丰田，他们发明了"安灯"系统，任何一个普通员工都能拉"安灯"拉绳，叫停整个生产线。传统的汽车生产企业会认为这难以想象，根本就是疯了。与之相反的典型做法是，无论如何都不能叫停生产线。然而丰田却反其道而行之，告诉员工任何时候只要你发现缺陷环节，无论缺陷多小，你都要拉"安灯"拉绳，叫停整个生产线。如果你在有很多缺陷的生产线上这么做，一开始就会不停地被拉"安灯"拉绳，这样当然成本高昂，但随着时间的推移，如果坚持用这个方法，所有缺陷环节都会被限制在生产线的上游。缺陷环节越靠近下游的地方，修复成本就越高，所以你必须防止这种事发生，不要重复发生同样的错误。

二、增强，离不开管理上的有效设计

企业系统的增强，包括主观能量态的增强、平台的增强、业务的增强，以及结构上的有效扩展和相互强化。实现这种增强，离不开管理，离不开有效的方案设计。解决方案，包括关于主体的解决方案和关于业务的解决方案，包括总体解决方案和细节，包括各构成系统和构成项的解决方案，包括模式和实体性设计。模式，即方案的底层逻辑[1]。本书中列举的差不多所有案例中，都包含这种解决方案的成分[2]。为了帮助大家建立起更直接的印象，这里再举一些。

如谷歌通过对在职员工的海量数据的分析发现，无论身处何种岗位，那些优秀的员工身上都具备四项共同的特点：① Role-related Knowledge（与应聘岗位相关的知识技能）；② General Cognitive Ability（通用认知能力），主要是指候选人在工作中解决复杂问题的能力；③ Leadership（领导力）；④ Googleness（谷歌范儿）。基于这四项特点，谷歌创建了自己的用人标准模型，并在招聘流程中以此为标准对候选人进行严格筛选。

如在亚马逊，每一个员工确实可以通过叫 PRFAQ 的工具[3]，直接把自己的想法 word 文档转成 pdf 文档，可以不通过直线 manager 而直接发给任何潜在的 sponsor；但同时，亚马逊其实也有非常教条式的自上而下的创新方式，就是 E-Staff 团队。E-Staff 团队可以理解为亚马逊的总办，是非常稳定的。其中每个人，每个季度要给贝索斯讲一个 PRICQ 的新点子，而且不能是现有业务的改良，而这个团队的成员也会把任务目标分解，让下面的人提点子。

---

[1] 如亚马逊的商业模式的底层逻辑是"增长飞轮"。

[2] 其实本书的各个章节都是在谈论同一个对象——企业，只是维度不同。所以，你可能会发现，其中的案例用在其他部分也是适合的，这些事实的东西并不是只存在于企业系统的某一个维度上。

[3] PR为Press Release的首字母缩写，相当于开一个虚拟新闻发布会，用一两句话来向用户传递要开发的新产品的核心价值；FAQ为Frequently Asked Question的首字母缩写，即自问自答。

第五章　不同情境企业的主体发展任务

所以在这些管理者的脑子当中，他是被两个 pipeline 驱使的，一个 pipeline 是对他的 idea 的，另一个 pipeline 是对人才的，用新的人才带来新的创意，用新的人才去实现新的创意。

再如 Automattic 公司的"试用"式招聘[①]：我们曾经也像绝大多数公司一样，通过简历筛选和面试来聘用员工。那时候，我们学微软和谷歌，问求职者一些脑筋急转弯似的问题，也看重他们过去的经历，特别在意他们曾在哪些创业公司工作过。候选人会被 5 名员工面试，我们都会带他（她）去吃面试午餐。在招聘过程中我们投入了大量精力，并且尽最大努力严格筛选。

尽管如此，我们还是有很多时候选错人，这会让你大失所望。你在反思的时候会清楚地发现，面试这种选人方式中的某些特质确实影响到了我们。例如，求职者在餐厅的说话和行为方式，与他工作中的表现完全无关。有的人在面试时发挥惊人，能征服每位面试官。但是，既然实际工作与迷倒他人无关，那么面试技巧也不能等同于员工的表现。像工作一样，面试也可能只是走过场，而没有实际的"产出"。

聘用成功与失败的原因到底是什么？我们思考得越多，就越发意识到除了和求职者一起工作之外，别无他途。所以，我们逐渐改变了方法。我仍然会亲自查阅收到的大部分简历，把没有相关经验，没有技术能力或者求职申请上有错误的人直接排除，这个淘汰率大约为 85%。

我们最重要的转变是要求每位试用候选人以合约的方式和我们一起工作 3~8 周。让候选人与未来可能的同事并肩作战，完成真实的工作任务。他们不用立马辞去现有的工作，可以晚上或者周末为我们工作。虽然时间灵活，但大多数人每周依然需要花 10~20 小时为 Automattic 工作。试用的目标并非

[①] 摘自文马特·穆伦维格2014年4月发表于《哈佛商业评论》（中文版）的《Automattic公司CEO：好团队，"试用"造！》一文。

让他们完成某个产品或者定量的工作，而是让我们能快速有效地评估试用者和公司之间是否相互匹配。我们评价他们的时候，他们也可以给 Automattic 打分。

如果你申请客服职位，就会直接与客户接触；如果你是工程师，就会去写真正的代码；如果你是设计师，就会做设计工作。有时候，出于某种工作性质的原因，需要我们灵活处理：比如候选人申请的是商务拓展工作，我们不可能把他派去和潜在的合作伙伴谈判，因此我们会准备与真实工作尽量接近的任务，他会被要求准备演示文稿、分析商业问题，或者评估潜在项目的财务回报。

尽管试用任务不会与申请的工作内容 100% 重合，但还是比一顿午餐更能让我们了解求职者的技能和对企业文化的适应性。我们对一些能力格外重视，比如自我激励、书面沟通能力（因为我们大多数人都是远程工作，所以非常依赖即时通信）和应对错误的方式等。我们并不期待候选人表现完美，更重要的是他如何发现错误，就错误进行沟通，以及从错误中学习的能力。

只有极少数人会反对试用或者说他们没时间参与。试用听起来像是额外的工作，但是这点正好起到过滤的作用，留下了我们想要的人。他们愿意为成功付出、对公司充满热情，因而会把试用作为优先选择。试用制不是淘汰赛，如果试用的 10 个候选人都很有能力，我们也许会聘用所有人。求职者是在与我们的质量标准体系竞争，而不是在相互竞争。

我们会在试用的过程中提供很多反馈。如果认定某个候选人不行，出于对彼此的尊重，我们会尽快结束试用过程，有时候应聘者也会提前终止试用。

同时，我们会把试用的协调列为更为优先的工作。试用制需要投入大量的时间。我们发现，每个 Automattic 员工最多只能督导 2~3 个试用员工。我们有 4 个工程师在各自的部门负责督导任务。在我们的公司文化中，督导试用任务优先于日常工作。如果有人因为督导任务需要暂时放下手头的工作，对这点我们完全接受。

试用期结束后，所有参与的员工对于是否愿意与候选人共事都有了清晰的判断，最后一步则是由我来面试。即便现在公司已经发展成熟，我还是会花至少 1/3 的时间亲自招聘。为了与我们的试用制一致，这几年我对自己的面试方式做出了很大调整。我的面试只会通过文字信息的 Skype 聊天或者即时通信进行，我并不知道面试者的性别或种族，只能看到屏幕上的文字。这个过程类似双盲测验，能让我集中关注面试者的工作热情和文化适应性。参加最终面试的 95% 的人都得到了工作机会，这也证明我们的方法有效。

再如谷歌公司"剥夺"了用人经理的一项重要权力，让用人经理无法单独做出一个招聘决定。所有是否招聘某个候选人的决定都由一个招聘委员会（hiring committee）来决定。原因是谷歌对招聘有一个最基本的要求，作为用人经理，你只能招入比你自己更优秀的人才。但是现实中，谷歌也知道，每个用人经理的自然倾向却是招到那些比自己不如的人，这是人的天性所致。

三、包括那些不被认为属于"管理"的管理

企业的方方面面、林林总总都需要有其解决方案，这些解决方案都属于"管理"。这里举一些一般不被视为"管理"的管理，直观地拓展一下人们关于管理的观念。

如乔布斯被苹果公司辞退后决定东山再起，创立了电脑公司 NeXT。确定了办公地址后，乔布斯忙着约见客户，对副总经理提交的办公区装修图纸无暇细看，叫他抓紧时间装修。装修完成后，乔布斯在办公区转了一圈，对副总经理说："我眼中的办公区要有高品位，而不是很豪华，如果没有一个

对思考和工作有利的好环境，怎么会有新的创造？"好的办公环境能够激发灵感，有利于设计出高品位的产品。而惠普公司还创下先例，采用隔间式的办公室，体现一律平等的精神。

如马斯克说：最重要的是，尽量用最少的钱，尽快创造出一个有用的原型。我认为这是最好的方法。所有的东西都能用PPT呈现出来，所以当人们看到PPT或网站之类的东西，他们会有些怀疑，但如果他们看到实际工作的实物时，就会更有说服力，这就是为什么我们对特斯拉做的第一件事就是创造一辆原型跑车。首先要做的就是向人们展示这是真实存在的，并且确实可行。尽管看起来有点像黑客，但它向人们定位了可能的感觉，所以我认为这是一个很好的举措，这还能帮你确定你想做的事情到底是不可能成功的，还是极其困难的。

如贝索斯在一个访谈中谈道：（亚马逊会议有30分钟是默读时间是吗？）是，我们会议开始是"自习"时间。传统的会议通常是有人站在前面，演示PPT。在我们看来，这很糟糕，你只能得到很少的要点信息。这对演讲者很容易，但对听众却很难。所以我们的做法是，所有会议围绕6页叙述性文档进行。同时，当你把想法用完整的句子写出来时，会迫使你更深入、清晰地思考它。有人说，为什么不提前读会议文档呢？问题是，提前阅读的时间不会凭空出现，在会议上每个人都有时间，因为我们都坐在桌旁同时阅读。你知道每个人都读过文档。而写这份文档花了很多精力的作者，看到每个人都读了，感觉很棒，他们知道自己并没有浪费时间准备，文档真的被读了。这样做还有一个好处，如果你用传统的PPT演示，一些高管会打断问问题，而那个问题，大概能通过后面的5页PPT回答，所以如果你读了整个6页的文档——在我身上经常发生，当我翻到第二页时，我有一个问题，我在页边空白处记下，当我翻到第四页时，就能回答那个问题，所以就能划掉，这样会节省很多时间。

如谷歌尽量缩短员工间的距离，包括空间距离与心理距离。例如鼓励员工更多地参与公司的活动；鼓励员工把自己的东西尽可能多带到公司，哪怕把办公室搞得乱七八糟也可以；缩小员工单独的空间，缩短员工在工作场所彼此间的距离；拉长公司高管上班的路线，让高管上班的时候必须经过多数办公室的门口；打破等级界限。这些办法，能够鼓励员工之间的交流与沟通，提高交流的效率，从而助推创意的产生。另外，也在客观上让员工彼此之间相互监督。

如 ZARA 的每个门店都安装着彼此独立的信息系统。每天晚上，位于西班牙西北部拉科鲁尼的 ZARA 总部，会和每个门店交流大量原始数据，数据细致到每款产品卖了几单、尺码、颜色、数量、卖出时间、支付方式、折扣信息、价格调整等。之后，各部门会根据需要分析数据，对各地市场做出判断。这些信息又会及时反馈到 ZARA 的设计总部，设计师们根据各地的流行情报信息来识别流行趋势。每个门店经理手上的 PAD 是其沟通的有效工具，可以通过 PAD 向西班牙总部发出订单，能在 PAD 上获得总部给他们的建议订货量，还可以利用 PAD 与总部产品经理进行直接沟通。

如美国 *Inc.* 杂志网站上，有一篇文章引用了特斯拉 CEO 马斯克的一封内部邮件。马斯克认为，特斯拉的任何人都可以根据他们认为能解决问题的最快办法，用邮件、当面交流等方式与他人交流，造福公司。特斯拉员工可以在没有得到允许的情况下与经理的经理或者另一个部门的副总裁交谈，也可以和马斯克交谈。此外，每个人应该认为自己有义务这样做，直到正确的事情发生。这其中重点不是随机聊天，而是确保执行得快和好。马斯克说："特斯拉显然无法与大型汽车公司在体量上竞争，因此必须用智慧和敏捷来竞争。"最后，马斯克还强调，公司内的经理们应全力避免在公司内部建立"竖井"，这将会造成"我们对他们"的心态阻碍沟通。这是一种自然趋势，需要积极与它战斗。马斯克说："永远要把自己看成是为公司的利益而工作，而不是为了单个部门。"

如贝索斯谈的创新决策方法。贝索斯认为，创新的产生很大程度上取决于领导者如何看待风险，做出决策。对一个公司来说，一般有两种类型的决策：一种是无法逆转的决策，当我们做这种决策时要非常小心和谨慎。而另一种决策就像我们走进一扇门，如果发现走错了，我们随时可以退回来。大部分公司的问题是，他们将这两种风险混为一谈。当一个公司变得越来越大时，他们倾向于大量使用第一种类型的风险应对方法，这无疑阻碍了第二种类型的实验，最终会导致公司运行缓慢，无理智地厌恶风险，减少新尝试，从而缺乏创新。

再如贝索斯关于两种类型的创新的划分：一种是顾客反向推导（customer backwards），另一种是能力正向推导（skill forwards）。前者以顾客体验为起点，而后者则从公司现在的能力出发，最终都归于更好地满足客户的需求。

第六章 自我设计

第一节 避免落入法约尔范式[①]

一、先来看几个事例

其一，乔布斯说：在商场上这么多年，我发现一个现象，我做事前总问为什么，可得到的答案永远是"我们向来这样做"，没人反思为什么这么做。举个例子，我们在车库里组装 Apple I 时，成本算得清清楚楚，可工厂生产 Apple II 时，财务部门用的是标准成本，每个季度估算标准成本，然后根据实际情况调整。于是我不断追问，为什么要这样做？得到的答复是，这是一贯的做法。六个月后我分析发现，其实是因为无法精确计算成本，所以只能先估算，然后进行修正。根本原因是信息管理系统不够完善，但没人承认这一点，后来设计 Macintosh 的自动化工厂，我们抛开这些陋习，做到了

[①] 这也是我在本书中对目前的管理学的两个批判之一：法约尔范式批判。批判（Kritik，德文），不是做观点之争，而是站在更高的层次上讨论问题；批判是一种认知和思维框架上的刷新行为，批判的结果是更进一步。批判是我们接近真理的一种方式。对于会对实践产生重大影响的人类的知识和思维观念，指出其问题和错误无论如何都是有必要和价值的。企业管理学领域，长期以来，又缺乏这种批判，缺乏这种真理性讨论。而且我还认为，管理学批判势在必行，因为问题过于严重，还因为我们对正确管理实践和有效管理创新的需求在与日俱增。我对目前的企业管理学的批判主要有2个：①法约尔范式批判；②对管理对象的认知严重缺位（见第六章的第三节）。

精确控制所有成本。在商场上有很多约定俗成的惯例，我称之为陈规陋习，因为以前这样做，所以就一直这么做下去。所以我认为，只要你愿意多提问、多思考，脚踏实地工作，你很快就能学会商业管理，这不是什么难事。

其二，乔布斯还说过：公司规模扩大之后，就会变得因循守旧。他们觉得只要遵守流程，就能奇迹般地继续成功，于是开始推行严格的流程制度。很快，员工就把遵守流程和纪律当成工作本身——IBM 就是这样衰落的。IBM 的员工是世界上最守纪律的，他们恰恰忽略了产品。苹果也有这个问题，我们有很多擅长管理流程的人才，但是他们忽略了产品本身。经验告诉我，优秀的人才是那些真正理解产品的人，虽然这些人很难管理，但我宁愿和他们一起工作。光靠流程和制度做不出好产品。

其三，马斯克说过：通往领导的道路，不应该以 MBA 商学院的情况而定，而应该以你的工作方式来定，做一些有实际用处的事情。有很多人去了高知名度的 MBA 学院，然后以领导的身份"空降"进来，但他们实际上不知道如何运作，他们可能擅长做 PPT，可以展示得很好，但他们实际上不知道事情如何运作，他们"空降"进来以后还像以前那样工作，他们不知道真正需要的是什么，以及如何去制造伟大的产品。

其四[①]，乔纳森刚加入谷歌不久，就目睹了两位创始人对传统商业模式的厌恶。作为一名资深的产品管理高管，他对产品研发中所设的"过关制"并不陌生。多数企业都在用这种方式：设立明晰的阶段和步骤，并安排公司自下而上的各级管理者进行层层评估。这种方法的初衷是节约资源，将广泛散布的信息汇集到一小撮决策者那里。乔纳森本以为自己的使命就是将这种制度带入谷歌，他非常自信传播这一制度的使者非他莫属。几个月之后，乔纳森给拉里提交了一份产品计划，将"过关制"研发方式展示得淋漓尽致。

[①] 摘自《重新定义公司——谷歌是如何运营的》一书。

计划中包含了步骤、审核、优先次序，还有两年内推出的产品种类及上市日期。

这份计划是教科书思维模式的杰作，乔纳森应该赢得一阵热烈的掌声和校长在背上鼓励的一拍。可惜现实并非如此，因为拉里讨厌这种方式："你见过哪个团队的表现能超越既定目标？""呃，没有。""你的团队研发过比计划中更出色的产品吗？""也没有。""如果是这样，计划还有什么意义？计划只是在拖我们的后腿罢了。一定有比计划更有效的方式，去和工程师谈谈吧。"

其五，2016年，在微信内部每年举办一次的领导力大会上，张小龙做了关于"警惕KPI和流程"的内部演讲，其中有这么一段（有删减）：2005年，当我们接手QQ邮箱时，我们组织了团队做这个事情，目标是把QQ邮箱做好。我们在第一年的时候就努力去做这个事情，其实大家也很投入，用的方法也是最"正统"的方法。怎么做呢？我们认为当时公司有非常科学的流程管理，有非常科学的整个研发设计的一套方法，就用这个方法来做吧……最后做的结果是非常失败。因为用户进来发现产品非常慢，每一个操作又很烦琐，所有功能看起来都没有什么亮点，因此用户很快就流失了。但是，每次公司内部汇报中，我们都有很多东西可以说——我们这个月又做了什么新的东西，整个技术水平又往前迈进多少步，等等。我现在回想起来那一年我们做的所有事情，用一句话来概括就是"一个非常平庸的团队用了一些非常平庸的方法去做出来一个非常平庸的产品"，而且是不知不觉的。所谓"不知不觉"，就是我们不知道自己做得有多糟糕，我们只是觉得自己用的是最合理的、大家都用的方法，我们没有犯什么错。

在2006年的时候，因为糟糕到了极点，邮箱团队开始思考这个危机，认为再按照现在的方式推进是不行了。当时放手一搏，成立了一个很小的团队，大概十个人，有几个后台开发，有几个前端人员，人员非常精简，跟我们微信起步时非常类似，人员精简到什么地步呢？除了后台以外，我们这些人坐到一起也就十来个座位，大概两三个 web 开发，两三个产品，一两个 UI，还有一两个测试。实际上，就这么小的一个团队在后面几年里面做的事情远远超过之前几十人的努力。

我自己也觉得那个时期过得非常愉快。为什么非常愉快？因为对我自己来说，很有满足感。当我头一天晚上发现我们这里有一个东西要改一下，我发一个邮件出去，有的第二天上班的时候就发现这个东西已经改过来并上线了，大多数时候一个星期上线是不夸张的，这无疑给人一种很爽的感觉。有一天晚上我发了一个微信：有一些用户反馈说，公众号回复里面只能看到读者评论的次数，但是看不到作者再评论的有多少人赞，这个问题存在很久了，为什么没有加上？应该早一点把它加上。但同时我多了一个念头：对于这个需求，可能大家会做一个计划，排一个流程出来，可能要等到两个月以后才会加上去。于是，我就多加了一句话，必须一个星期以后上线，结果过了两天，大家告诉我这个东西已经上去了。如果按照日常的习惯，我们加一个东西真的要两个月，但非要两个月吗？其实并不是这样。只是大家习惯了将改一个东西当成是很大的事情，那么它真的需要很久时间。因为在 QQ 邮箱起来的时候，真的不是这样一个速度。如果这样的话，它可能也就起不来了。

其六，字节跳动 CEO 梁汝波分享过这样一个事例：我前一阵子和一个研发同事聊天，他提到自己的团队里有个非常优秀的校招生，表现非常好，成长也很快。但在我们这边工作两年后，就被另一家公司以几乎翻倍的薪水挖走了，他觉得非常可惜。我问他：你对这个同学有这么高的评价，对他的价值也这么有信心，怎么没有在激励方面跟上，眼睁睁看着他被挖走呢？他告诉我，系统推荐的范围有限，他每次都给到了推荐的上限，但还是没跟上，涨得不够快。

二、为什么会这样

在企业管理实践中，诸如此类的情形比比皆是。为什么会这样？为什么到处都是这种情况？为什么我们遵循"惯例"和最"正统"的方法却反而得不到想要的结果，而这些结果本来又是可以实现的？为什么那些教科书式的管理却不受真正的企业家们待见？为什么看似完善的管理设计却不能使企业留住自己所需的人才？我认为，根源是我们长期以来对管理和管理对象的割裂，以及管理的"狭义化"和关于企业管理的规范主义的基本观念，即我们落入了一种错误的实践范式[①]。

自从亨利·法约尔[②]把管理从经营中区分出来，企业管理的一种范式（我称之为"法约尔范式"）便产生了，即人们开始把管理作为一个与经营并列的和相对独立的东西加以研究和实践；并认为企业的管理应按照"一套有关的原则、标准、方法、程序"等行事，管理与管理对象的关系被割裂。同时，对管理做职能维度的细分，即把企业管理细分为所谓的战略管理、组织管理、人力资源管理、营销管理、生产管理、运营管理、研发管理、质量管理、财务管理、计划管理、供应链管理、绩效管理、股权激励、领导力、流程管理、品牌管理和数字化转型等，学者们也都是分模块地进行着所谓的管理的专业化研究与专门性知识的开发，包括框架、工具、方法和所谓的解决方案。

管理界的一个现实是，管理学者们不懂企业，不懂实践（而且他们好像也没有觉着这是个问题），但他们却认为他们懂管理，或懂某个专业的管理；他们把管理知识的"创造"搞成一种独立的活动，把管理研究变成了对管理

---

① 这里的"实践"，亦包括关于企业管理的研究实践。
② Henry Fayol（1841—1925），法国人，1885年起任法国最大的矿冶公司总经理达30年，《工业管理与一般管理》是其代表著作。

战略性生长——该如何经营企业

本身的研究；他们制造和兜售各种经验、观点、模式、框架、工具、方法和所谓的管理知识；他们认为具体企业的管理就应该是对管理知识等的遵从和应用，他们把所谓的管理知识等同于管理；他们以方案供给的方式去帮企业做管理和解决管理问题；他们让对象去就管理，而不是让管理去就对象；他们怀揣一个"理想的"和"标准的"企业形态和管理状态；他们认为从商学院毕业就应该去做管理，他们认为抱着几本书或一些工具与方法就可以去做管理（顾问）了；管理被视为一种专门的职业；等等。同时，加之商学院等的教育和传播[1]，这种就管理而论管理的思维和观念也一直在向企业界弥漫。

将管理与经营并立，导致管理与管理对象的关系割裂，这是一个严重的错误，它使得管理失去了自己原本的目的和意义指向，进而使得管理自身代位成了管理的目的。企业管理是为满足企业经营之需而存在的，否则，为什么要有管理呢？对企业而言，管理是从属于经营的，并非与经营并立的企业的构成部分。构成是被整体规制的，它不能自成目的和维度。对于作为整体的构成而言，整体即是它的目的及评判标准；企业管理的导向是企业经营的有效性和效率，而不是、也不包括任何其他的。对企业而言，管理本身不是目的，管理要实现的目的才是目的。具体企业的管理评判标准不在外而在内。变从属为并立，是对两者的关系的扭曲。这种扭曲也使得管理学脱离了其正确的发展轨道[2]。这种割裂也破坏了管理学与企业实践共演发展的基础，阻断了管理角度的对管理对象的认知及其发展[3]。

---

[1] 正如经济学大师米塞斯（Mises）所言：教育培养信徒、模仿者和墨守成规者；学校是传统和一成不变的思维模式的温室，它只会产生停滞、正统及死板的迂腐。

[2] 包括无法走出法约尔等为管理学设置的框架体系（因为缺乏上一层的演进的需求拉动），并经常反过来对企业经营思维造成局限和误导（类似于所谓的"因形害义"）。

[3] 目前的企业管理学中的那些有价值的认知，都不是出自管理学者，而是出自其他领域的学者（见本节后的附表1），如劳动分工理论与亚当·斯密（经济学家）、社会人理论与乔治·埃尔顿·梅奥（哲学）、需求层次理论与亚伯拉罕·马斯洛（社会心理学家）、有限理性和管理人理论与赫伯特·西蒙（心理学家、经济学家）、双因素理论与弗雷德里克·赫茨伯格（心理学家、行为科学家）等。

第六章 自我设计

因被与对象割裂，学者们的企业管理研究也一直是一种剥离掉主体的经验总结和自我的逻辑演绎[①]，并最终落入了对管理现象的观察、归纳与自我定义，以及在这种自我定义基础上的演绎模式。他们也无从对管理进行更根本性的思考[②]。同时，因为是现象观察，能看到的只是形式（形式是看得见的，而实质并不易见，它需通过人的认知来抵达——正如哲学家亚瑟·叔本华所说：我们不可能通过外部就直达事物的本质），因此，目前的企业管理学的内容也就主要是一些关于企业管理的形式上的东西，而对其内在指向、原理、底层逻辑，以及要解决的问题的本质等不做追问，而这些才是管理最重要的构成——实体性构成。所以，目前的企业管理学，整体上可称之为"规范管理学"，规范是其心智模式和基本观念[③]，现象、经验、观点和形式性是其内容特征[④]。

同时，管理学的职能维度的细分，又是在制造局部与整体关系的割裂和整体性的丧失。为什么要有整体性？因为整体即本体，只是由于对整体的人为解构才制造出了所谓的局部；这种解构固然是有其意义的，但不应以导致整体性被损害和丧失为代价，因为这个代价实在太大了，这是在以目的为代

---

① 迈克尔·波特的三种竞争战略、罗伯特·卡普兰的平衡记分卡和戴维·尤里奇的HR三支柱模型等都是这种演绎的结果。带有很大成分的个人主观的总结和演绎，其实是一种观点，甚至臆想。

② 以德鲁克为例，"管理是实践，而不是哲思"，这是可以作为德鲁克的标签的一句话。这个说法是有很大问题的。探寻事物的真相是研究的高级形式，也是其核心价值所在。没有这种指向和成分的所谓的研究，只剩下对现象的偏见性描述和简单的逻辑性整理，并不能产生作为一类人类活动的研究的特有的价值贡献；而且，没有对事物背后的真相的认知，我们其实是看不太懂现象的，或者说，看到的只是一个印象和观感罢了，正如在万有引力定律提出以前，我们对苹果往地上掉落这种现象其实是没怎么看明白的。哲思，是让人更接近于事物的真相的思维方式，它亦能成就一个学科的科学的心智模式。德鲁克只是一位观察者和总结者，而不是解释者，提供了一堆的观点而不是认知，他其实与管理学家的身份无关。把德鲁克捧上神坛，会导致深陷德鲁克局限。

③ 有些类似于宗教激进主义。

④ 可以说，正是法约尔、伊戈尔·安索夫、德鲁克和哈罗德·孔茨等管理学者们误导了企业管理学，他们是一群如叔本华所说的在城堡周围绕圈找不到入口而只能画它的正面的人。事实上，目前为止，最具价值性的管理创新和知识主要来自一些卓越企业（家）而不是管理学者们（可根据本节后的附表1和附表2进行对照）。

价，而目的才是目的。在我们没有建立起关于事物的整体认知的情况下，知识体系及其影响下的实践都缺乏整体性，是必然的；反而是那些不受该知识体系影响的企业家和管理者，保有天然的整体感，他们的那种最朴素的人类行为，在那些所谓的学者的眼里，倒成了"创新"，因为不符合他们的关于企业管理的这些观念。整体是对局部的规制，缺乏整体规制的局部会朝着自我的方向发展。企业实践中的战略与组织脱节、人力资源管理与业务脱节、部门壁垒问题等，难道不是这种分类和所谓的专业化发展下的一种必然吗？

对于管理，我们是要结果的，最终要用实际的结果来衡量。也就是说，管理应是由其事实上的功用性来评价的，而不能用是否符合"惯例"或"大家都用的方法"等来进行评价，不能做教科书式的评价；具体企业的管理也不应该按照"惯例"或"大家都用的方法"或教科书来做。很多管理者会有这样疑惑：我们都是按照规范来做的，为什么还是不行？其实，正因为是"按照规范"做的，所以不行；"按照规范"做的做法本身是错的；这种看似"没有犯什么错"的做法，恰恰是一种错误。仅把眼睛盯在那些"规范"和"方法"是对还是错上，盯在那些"模式"是好还是坏上是一个误区。企业管理领域最大的错误是我们关于企业管理的这种实践方式——目前还几乎没有人意识到这一点，这也是目前关于企业管理的最大的误区和意识陷阱。

规范主义的另一种表现是构建理性[①]。实践中的情形就像上述事例中透露出的，管理者们多半都是按照一些套路和方法去做管理，或照着某个模子去做管理，以及朝着某个所谓的模式目标去做。以中国企业为例，他们认为管理就是由战略、组织、人力资源管理等那些"模块"构成，做战略就要按索夫矩阵、波士顿矩阵、价值链分析、SWOT矩阵和五力模型等那套东西去做，

---

① 人们总是会想着要去主导，这是一种常人的心性，大概也是构建理性普遍存在的原因，以及绝大多数管理者都有这种管理思维的一个原因。

做组织模式设计就是直线职能制、事业部制或矩阵制等的选型，做绩效管理就是 KPI 或 BSC，做管理信息化就是上这种系统或那种系统等，做人力资源管理就是岗位、招聘、考核、职业发展通道、职级设计、胜任力等，做项目管理就是项目管理的几大模块，做研发管理就是 IPD。他们从概念出发，从教条出发，从模式出发，以及从工具出发。要么就生搬硬套那些明星企业或大企业的管理做法，全然不顾自己与人家的不同。

构建理性是一种自以为是的理性。构建理性者，其实是掉进构建思维和某种观念陷阱里的人；圣化和教条化是他们的一个特征；他们愚蛮而自持，甚至绝对而狂热。世上没有谁已经掌握了绝对真理，这便是完全的构建理性并不能成立的原因；同时，如果构建的目标超出主观能量态这一本体基础，则无论如何都不可能实现，是根本无效的。构建理性，在性质上是以人为法替代自然法，以及把观念的世界当成真理的世界。他们创造出一个观念的世界，然后活在其中。人为设计天然地存在由于人的局限性带来的缺陷。构建主义是一种人类的自以为是和意志对客观规律的挑战。构建是需要的，但不能过度，应限制在确信正确的范围内。完全的构建模式包含对事物的真实自然过程的扭曲，对自然法的违背，尤其是当我们观念中的世界与真理世界之间存在较大偏差的时候。构建模式亦不能因应真实世界的复杂性和演进性，构建理性者是在将自己囚禁在自己已经具有的知识和经验体系之中的一类人。构建理性还会导致对演进理性[①]和认知理性的屏蔽。

管理是企业的形制，形制为满足实质性需要而设。不能颠倒两者之间的关系。当两者出现冲突时，需要做的是改进和改变形制上的设计，而不是削足适履。将某种形制上的设计视为当然，视为普适性和规范性的东西，以及对某种形制设计的追捧和迷信，意味着我们正在落入形制导向的陷阱。就形

---

① 唯有自然秩序不会崩塌，演进理性终将取得相对于构建理性的胜利。面对未知，我们是无知的，总是应保留一份自然主义心态。

制而论形制是错误的。对具体企业的管理不能用规范性评价，只能做目的性评价和功用性评价；企业的管理实践不能为形制所困，要警惕形制上的教条成为解决实质性问题与达成实质性目标的束缚和障碍[①]。

从实质性问题出发而不是从形制出发，恰恰是做企业管理这种形制性工作的管理者必须遵循的一个原则。在具体实践中，管理知识和管理方法，应根据企业的需要取用。管理经验和管理工具等的普适化思维，是对企业管理的一种常见的无知的表现。对目前的管理学知识学得越多、"中毒"越深的人，有可能越是反管理的。

形制不当和僵化，会对企业能量态和发展可能性造成扭曲与束缚，从这个意义上说，目前的管理学对实践的价值贡献是难以评说的。观察现实，也可以看到，那些卓越的企业（家）也都是管理上的自我探索者，因为目前的管理学可能并没有包含企业管理的正确实践方式，或者说，它无形中在将人们导向一种错误的实践方式，只有那些没有落入管理学的这种误导的管理者才会取得一些成就。

而且，经营本身也是管理，是另一个维度的管理。经营是对企业的设计的核心部分，是最能代表企业本身的那种构成。将经营与管理并立，将经营排除在管理范畴之外，是对管理的"狭义化"。这种"狭义化"也是很多人对企业和企业经营（包括业务经营）的认知缺位的一个原因，因为管理（学）者们默认这些不属于管理的范畴，因此也很少有人站在这个维度研究企业和管理，或者说，更高层次的企业管理研究一直都是一个盲区。经营上的正确性比管理（狭义）上的正确性更重要，更具价值性。实践中关于企业经营的管理差不多都处在自然状态，凭的是企业家（以及核心业务类领导）

[①] 例如贝索斯在2016年《致股东信》中说：如果你不注意，流程可能会变成重要的事情……你会停止关注结果，只是确保流程的正确。其实，流程不是最重要的事情，是我们控制流程还是流程控制我们，你会发现，Day 2 的公司通常是被流程控制。

的个人能力。而狭义的管理的价值自然而然也就落在了工具和方法上,这又进而导致管理的工具主义的盛行。

法约尔范式对管理的狭义化之二是,在主体上,仅将管理定义为对被管理者的管理[1],而不包括被管理者的自我管理。事实上,自我管理也是管理,而且天然地是管理,是管理的一极力量;自我管理者也是管理者,而且是天然的管理者。法约尔们漏掉了被管理者的管理者角色,并造成了管理者与被管理者的对立,以及一种职业管理者观念和阶层的产生——这又进一步固化了就管理而论管理的模式,以及管理与管理对象的割裂。

法约尔范式对管理的狭义化之三是,将其他本该属于管理范畴的东西排除在管理范畴之外(可参考本书第一章第二节和第五章第二节的有关内容,这里不再展开说明)。狭义化即存在漏项,进而产生扭曲。对法约尔范式的完全接受导致人们很难突破法约尔范式,包括使得管理的范畴无法再拓展到它的本来的边界,局限在一种自创的知识体系和观念里;而任何不同于其观点的行为都会被视为未能开化的愚蠢。它在一种价值封闭中逐渐开始变得"内卷"和僵化。法约尔范式阻碍了我们对诸多企业现象的关注及对其理论含义的揭示[2],是一个我们自设的陷阱。

三、至少要让管理回归其本意

当我们热衷于这种模式或那种模式、这个工具或那个工具,以及迷信安索夫、波特、德鲁克、尤里奇、卡普兰等这些所谓的管理大师时,我们就已经是在这种实践范式的陷阱里了。法约尔把企业管理学引向了一个错误的

---

[1] 法约尔的这种局限也与他是站在企业系统内看企业管理有关,不像桥水公司创始人瑞·达利欧那样"站在更高层次"看企业管理。法约尔的局限正如一首古诗所表达的:"不识庐山真面目,只缘身在此山中"。

[2] 本书中我列举了大量的实例,并同时揭示了它们的管理上的含义,我想读者们应该已经看到了,而且实践中的现象不知道要比这丰富多少倍。

方向，这些人又将其推向了一个新高度。由于一直是学习者模式和学习者心理[1]，国内企业在管理上的形制主义和规范主义思维又尤其明显；国内企业和企业管理业者几乎从一开始就落入了这种错误范式。中国企业的崛起离不开管理上的觉醒，中国企业尤其需要一轮管理批判，需要一场关于科学的企业管理的启蒙运动。

思维框架一旦形成，人们就会用这个框架去思考问题，去看待一切。所以，思维框架又总是很难被打破，人们会自动地将一切（包括新东西）装进这个框架，哪怕它其实并不属于这个框架[2]。法约尔范式提供了一个关于企业管理的扭曲的框架。接受了法约尔范式对我们的管理的心智模式的建构，则法约尔范式的固有缺陷便也就成了我们关于企业管理的心智模式的缺陷。管理学的这种老套也在我们与新框架之间筑起了一道意识的高墙。很多事实和现象会不自觉地被我们所忽略（尽管其中可能内含更有价值的真理，如牛顿之前的苹果往地上掉这种现象），只是因为其不在我们的观念体系所涉及的范畴之内。管理学落入了它的自成维度的误区和一种起点陷阱[3]，并使得管理实践[4]也一直在这个错误的框架下演绎和打转——那些卓越的企业（家）除外。

---

[1] 学习者心理很容易导致知识拜物教和知识教条化的心智模式。中国的企业管理者（包括学者）中，构建理性者占绝大多数。有些现象，如工具主义和对一些所谓的管理大师的造神运动，可能只在中国才有（我还不太确定）。在普遍的学习者心理下，他们在认知（能力）上也普遍发育不足。

[2] 心理学中有一种现象叫证实性偏差，是指当人确立了某个信念或观念时，在收集信息和分析信息的过程中，产生的一种寻找支持这个信念的证据的倾向。也就是说，他们会很容易接受支持这个信念的信息，而忽略否定这个信念的信息，甚至还会花费时间和认知资源贬低与他们看法相左的观点。即大多数情况下，人们习惯于从"证实"的角度思考问题，而不愿意从"证伪"的角度思考问题。

[3] 我们不能设定一个东西为正确。而目前的管理学中的许多东西的"正确性"恰恰来自我们的设定，而非真的正确。

[4] 比如他们即便是在总结管理经验时，也都是丢掉或忽略掉其中的对象性成分，只抽取出纯粹的管理性内容，然后把它一般化。殊不知，是管理和管理对象共同构成一项管理经验——经验本身其实是一个特殊情景，包括参与主体，同样的事，一个人或企业做了，未必意味着另一个人或企业也一定能照着做成，抽取掉主体这一因素，经验其实是不完整的，而且有些成功的原因恰恰是主体而不是管理。复制苹果公司的管理并不能再造出一个苹果，这是显而易见的。塑造企业的因素可归为三个：环境、主体和管理。将成功企业的管理视为成功的管理或管理的标杆，是对其管理的价值和意义的夸大。企业管理领域一直存在着忽视主体因素的问题，而这一因素，事实上还越来越主要。

第六章 自我设计

文化精神的枯萎与其说是选择的产物，不如说是存在的一种特性，它产生于一种放弃警惕的、对于熟悉事物的接受。接受一种观念和思维框架以后，便再难摆脱它——企业管理学领域目前大概就处在这种状态。

学者的企业管理学大多不得要领并有致命的缺陷，相比那些卓越企业的企业管理学[①]，在真理性上要差一个层次。又因学者们的东西广泛传播，导致很多人被误导，误入他们的"知识"陷阱。越信奉学者的企业管理学的人，越不能用，这是一群自以为是管理专业人士的外行。可以假想一下，如果企业家都按照目前学者们的企业管理路数去做，结果会怎么样？长久以来，管理学者们都在将管理置于一种不正确的位置上，以及将自身的存在置于一种不正确的位置上，这种扭曲已经造成了普遍的伤害。

目前企业管理领域的种种问题，都与这种实践范式有关。设定前提和框架的研究，不能克服这种前提和框架本身的错误和缺陷。如果关于管理的这种观念和套路不变，那么对任何新的管理知识、工具和方法的创造、学习与应用，都不过是把那种错误再重犯一遍。人们很容易把实然当应然，受习以为常的蒙蔽。我们需要走出100多年来形成的管理学所塑造的关于企业管理的观念，中断法约尔范式的传承，修正因法约尔对管理的定义而造成的偏差（我称之为"定义性偏差"），结束管理学对管理实践的误导，重置关于企业管理的心智模式和基本框架，重建[②]关于企业管理的知识体系，以及让管理回归其本意[③]和功用主义原则，回归管理是对管理对象的管理[④]并走向科学发

[①] 即卓越企业的管理实践，如本书中例举的诸多企业家关于企业管理的认知、思考和做法。在当前学术不济的情况下，我们需要退回到企业的企业管理学上。

[②] 即按伽利略范式的重建。伽利略的论断"人类有望理解世界如何行为，而且能通过观察现实世界做到这一点"成为现代物理学和科学的发端。理解所有的缘由，也是寻求解决办法的先决条件。

[③] 企业不能把管理实践置于人们对管理的定义之中，而应该将其置于管理的本意之中。

[④] 管理的本意是对管理对象的管理；而目前的企业管理学中的管理其实只是"管理"，缺失了对象性成分和正确的导向性；"管理"与"对管理对象的管理"不是一回事。那些卓越企业的管理实践（见附表2）之所以比学者的企业管理学更有价值，是因为它至少是面向对象的管理。

展的轨道。

　　离管理对象越远，则离能对其进行有效的管理也越远。如果说管理是对管理对象的管理，则法约尔范式下的所谓管理专业人士，恰恰是管理最不专业的一群人[1]。正如乔布斯"吐槽"的那样：有多少人是从事咨询行业的？哎，这可不好，干点正事吧。说认真的，我并没有觉得咨询行业生来就是邪恶的，我只是觉得，如果你没有长期去承担过某事（比如花上几年时间），如果没有为自己的建议负过责任，没有全过程地执行过自己的建议，没有为自己的失误付出过代价，没有从一次又一次的失败之中再站起来，那你就只能学到一点皮毛的东西。咨询公司给出建议，但并没有真正承担后果，没有承担执行过程，我觉得只有很小一部分价值，也只有很小的机会学到真正有用的东西。你可能知道了公司的全貌，但那只是浮于表面，就像一幅香蕉画，可能很精美，但画是二维的，如果没有真正地去做过一件事，你的认知到不了三维。就像你有很多画挂在墙上，然后和你的朋友炫耀，你看我做过的香蕉，做过的桃子，做过的葡萄……，但你从未真正品尝过它们。

　　很多人可能"会"管理，但未必"懂"管理。会管理，是因为他们掌握了一种管理的套路和方法，拥有了一些具体的管理知识；不懂管理，是因为他们不懂管理对象，以及对管理的本意、范畴和实质认知尚浅。再说，如果不懂管理，会管理的"会"也是要打引号的，知其然而不知其所以然，多半也只能是照葫芦画瓢和有样学样而已，被局限和误导而不自知。如果不是真的懂管理，还不如不学目前教条化的管理学和那些套路，实事求是地去做反而更好[2]。

---

[1] 这是在法约尔范式下，在管理与管理对象割裂的模式下的必然。在科学范式（我所说的"伽利略范式"）下，自然不会是这样——无法否定知识性活动的价值，否则，科学家们的存在就没有那么大的意义。但是，知识性活动应该是在真实世界和真理世界间的一种互动，而不是其他。

[2] 这大概也是那些创业者一开始是成功的，后来在管理上想上层次，于是找来一些伪管理专家等，反而又把企业搞死了的一个原因。1998年，福建实达公司在鼎盛时请麦肯锡做咨询的失败就是一个典型例子。

第六章 自我设计

附表1 管理学者们的主要成果[①]

人物	成果	
	认知	观点/方法
亚当·斯密[②]	分工可以使劳动者从事某种专项操作，便于提高技术熟练程度，有利于推动生产工具的改革和技术进步，可以减少工种的变换，有利于节约劳动时间	经济人
亨利·法约尔[③]	—	从经营职能中独立出管理/提出了管理过程的职能划分，即计划、组织、指挥、协调和控制/14条管理原则。他认为，管理理论是"指有关管理的、得到普遍承认的理论，是经过普遍经验并得到论证的一套有关原则、标准、方法、程序等内容的完整体系；有关管理的理论和方法不仅适用于公私企业，也适用于军政机关和社会团体"
马克斯·韦伯	—	认为建立一种高度结构化的、正式的、非人格化的、理想的官僚组织体系是提高劳动生产率的最有效形式/科层制组织模式

[①] 本表的内容是一种罗列，目的是形成与企业的管理创新的对比，而并不在意是否涵盖了所有学者及他们的所有成就或代表性成就；也不去考证他们的东西有没有更早的提出者。

[②] 经济学家。

[③] 兼企业家和学者两种身份，由于其学术成果已成为传统管理学的重要构成，这里将其归于学者一类。

179

续表

人物	成果 认知	成果 观点/方法
乔治·埃尔顿·梅奥[1]	人是"社会人",而不是"经济人"/企业中存在着非正式组织	—
赫伯特·西蒙[2]	现实生活中作为管理者或决策者的人是介于完全理性与非理性之间的"有限理性"的"管理人"/管理的核心是决策	—
亚伯拉罕·马斯洛[3]	将人的需求分五大类或五个等级,由低级到高级依次是:生理需求,安全需求,社会需求,尊重需求,自我实现需求	—
戴维·麦克利兰[4]	冰山模型:将人员个体素质的构成划分为表面的"冰山以上部分"和深藏的"冰山以下部分"	—
道格拉斯·麦克雷戈	—	管理人员以他们对人的性质的假设为依据,可用不同的方式来组织、控制和激励/X理论/Y理论
威廉·奥奇	—	提出企业文化的概念,主张以坦白、开放、沟通作为基本原则来实行"民主管理",即Z理论

---

[1] 美国艺术与科学院院士。20岁时在澳大利亚阿福雷德大学取得逻辑学和哲学硕士学位,应聘至昆士兰大学讲授逻辑学、伦理学和哲学。
[2] 心理学家,经济学家。
[3] 社会心理学家。
[4] 社会心理学家。

续表

人物	成果	
	认知	观点/方法
弗雷德里克·赫茨伯格[1]	使职工感到满意的都是属于工作本身或工作内容方面的;使职工感到不满的,都是属于工作环境或工作关系方面的(双因素理论)	—
切斯特·巴纳德[2]	—	组织是一个有意识地对人的活动或力量进行协调的体系,其中最关键的因素是经理人员。在一个企业中,经理人员的作用就是作为一个信息相互联系的中心,并对组织中的各个成员的活动进行协调,以便使组织正常运转,实现组织的目标
弗雷德·菲德勒	改变组织环境,即领导者所处的工作环境中的各种因素,要比改变人的性格特征和作风容易得多。我们应当尝试着变换工作环境,使之适合人的风格,而不是硬让人的个性去适合工作的要求	—
彼得·德鲁克	—	管理是实践,而不是哲思,管理的重点不在于思而在于行,检验管理的标准不在于逻辑的推演而在于实效的发挥/目标管理(MBO)等

---

[1] 心理学家,行为科学家。
[2] 1906—1909年间在哈佛大学攻读经济学。

续表

人物	成果	
	认知	观点/方法
罗纳德·哈里·科斯[①]	企业是对市场的替代	—
威廉·爱德华兹·戴明	—	质量管理14法/PDCA
约瑟夫·M·朱兰	—	TQM/质量管理三部曲
伊戈尔·安索夫	—	认为战略管理是面向未来动态地、连续地完成从决策到实现的过程；经营战略是企业为了适应外部环境，对目前从事的和将来要从事的经营活动进行的战略决策。认为企业战略的核心应该是：弄清你所处的位置，界定你的目标，明确为实现这些目标而必须采取的行动。认为经营战略的内容由四个要素构成：产品市场范围、成长方向、竞争优势和协同作用/安索夫模型
迈克尔·波特	—	强调通过对产业演进的说明和各种基本产业环境的分析，得出不同的战略决策/价值链分析/五力竞争模型/三种竞争战略
艾尔弗雷德·D·钱德勒	—	结构跟随战略
肯尼斯·安德鲁斯	—	SWOT分析模型
拜瑞·内勒巴夫和亚当·布兰登勃格	—	创造价值当然是一个合作过程，而攫取价值自然要通过竞争。在这一过程中，不能孤军奋战，必须认识到要相互依靠，就要与顾客、供应商、雇员及其他人密切合作

① 经济学家。

第六章　自我设计

续表

人物	成果 认知	成果 观点/方法
理查德·帕斯卡尔和安东尼·阿索斯	—	"7S"模型
约瑟夫·熊彼特	—	创新就是创造一种新的生产函数，即把一种从来没有过的关于生产要素和生产条件的"新组合"引入生产体系
彼得·圣吉	—	企业唯一持久的竞争优势源于比竞争对手学得更快更好的能力，学习型组织正是人们从工作中获得生命意义、实现共同愿景和获取竞争优势的组织蓝图
菲利普·科特勒	—	企业必须积极地创造并滋养市场/4P营销组合
迈克尔·哈默与詹姆斯·钱皮	—	企业应以工作流程为中心，重新设计企业的经营、管理及运作方式，进行所谓的"再造工程"
戴维·尤里奇	—	在新的形势下，人力资源部不能仅是行政支持部门，还应该是企业的策略伙伴、变革先锋、专业日常管理部门和员工的主心骨/HR三支柱模型
罗伯特·卡普兰与戴维·诺顿	—	在信息社会里，组织应从以下四个角度审视自身业绩：客户、业务流程、学习与成长、财务/平衡积分卡（BSC）

附表 2　企业的主要管理创新[1]

主体	管理创新（方法）
弗雷德里克·温斯洛·泰勒[2]	提高工厂效率的管理方法，如工时定额、计件工资等；倡导精神革命，劳资双方利益一致；只有用科学化、标准化的管理替代传统的经验管理，才是实现最高工作效率的手段；管理和劳动分离
福特汽车公司/亨利·福特	流水线生产模式
通用汽车公司/艾尔弗雷德·P·斯隆	事业部制组织模式/听取异议的 3 项原则
胜家缝纫机公司/艾萨克·胜家	连锁经营模式
迪士尼公司	品牌授权模式
晨星西红柿公司	自我管理模式
3M 公司/威廉·麦克奈特	15% 法则/创新产品小组模式/抽枝剪枝策略/四季管理法等
IBM 公司	向服务型业务模式转型/矩阵制组织模式/IPD
松下电器产业公司/松下幸之助	终身雇佣制/年功序列制
安迪·葛洛夫/谷歌公司/约翰·道尔	建设性对抗/OKR
丰田汽车公司/大野耐一/詹姆斯·P·沃麦克等	丰田生产方式（TPS）/JIT/精益生产（LP）
惠普公司/戴维·帕卡德/比尔·休利特	惠普之道

---

[1] 企业管理的实践创新其实很多，这里仅罗列一些被广泛传播的。我们至今也尚未走出这些公司开创的关于企业管理的基本范畴、维度和范式，没有突破他们的认知边界。我认为，其中对现代企业管理的有效知识体系最具决定性影响和贡献的是，福特时期的福特公司、麦克奈特时期的3M公司、斯隆时期的通用汽车、休利特和帕卡德时期的惠普、格鲁夫时期的英特尔这几家公司；美国企业后来在管理上的继续创新，都能在这几家公司的身上找到影子。

[2] 1856年3月20日出生在美国费城杰曼顿一个富有的律师家庭。1874年考入哈佛大学法律系，不久便因眼疾辍学。1883年通过业余学习，获得新泽西州霍肯博的史蒂文斯技术学院机械工程学位。

第六章 自我设计

主体	管理创新（方法）
三井、三菱、住友、三和、富士和第一劝银	综合商社模式
史蒂夫·乔布斯	"A级小组"模式/App Store模式
菲泽尔公司	股票期权计划
英特尔公司/高通公司/欧文·雅各布	商业的生态模式/专利授权模式
科氏工业集团/查尔斯·科赫	MBM管理模式
台积电公司/张忠谋	代工模式
曼哈顿计划/国际项目管理协会	项目管理（PM）
臭鼬工厂	创新的14条管理守则
ZAppos公司/谢家华	合弄制
阿斯麦（ASML）公司	开放式创新模式
Zara公司/阿曼西奥·奥特加	"快"模式
戴尔公司/戴尔	直销模式
Facebook公司	Hack-A-Month计划
Supercell公司	中台模式

第二节 以自我设计为中心

一、企业管理实践的科学范式

企业在属性上相同，并不等于在具体上也相同。每个企业都是一个不同的管理对象，至少有它的个性化部分。企业设计是一个 CDI 工程，即认知（cognition）、设计（design）和工具化（instrumentalization）的过程[①]。管理知识只应被作为一种知识准备而存在（见图 6-1）。知识准备是知识所指的世界的主观准备（包括思维和意识），与这种主观准备空白相较，其价值和意义是显而易见的[②]；知识准备状况是管理者的主观能量态的构成。"以自我设计为中心"的含义是，在有知识准备情况下的自我设计。良好的准备，可以让我们更快地进入轨道，可以让我们达到一种更高层次的实践水平。

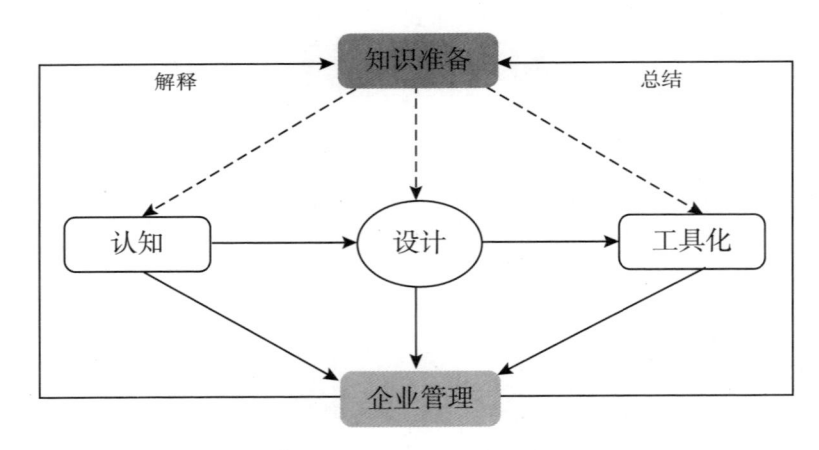

图 6-1 企业管理实践的科学范式

[①] 三者的顺序不能改变。

[②] 当然，这也要求这些知识首先必须是对的，否则，则是在将其受众误导入一个错误的观念世界，包括扭曲他们对企业和管理的看法，使其持有原本可能没有的信念，做本来不可能做的事，拥有原本可能没有的感觉或过滤掉他们本该有的感觉等，从而适得其反。

第六章 自我设计

不过，知识准备并非必要的。作为自我设计者的企业管理者，可以没有任何管理知识准备，但不能没有自我意识和自我考量。企业的管理不是被"加"上去的，而是与管理对象融为一体。别人的认知结果，并不能作为自我的认知的替代[①]。创新时代，是一个更加个性化的时代和更典型的自我设计时代，企业更需要形成自己的管理知识体系，包括理论、模式和专门知识。

相关知识尚未产生的时候，都可以理解为还没有知识准备的时候，这种情形下的设计，即原始性或原创性设计。其实，对于任何一家企业的管理而言，都不可能已经有了完备的知识准备，企业设计中一定或多或少会有原始性或原创性的成分。人类的知识不可能提供实践所需的全部知识准备，虽然这种准备一直在扩大，但管理对象也一直在演进，所以这种准备总是处在相对不足的状态。企业管理总是在不断重复着从完全的自我设计到知识支持下的自我设计这样一个过程。越是创新发展的企业，其管理上的完全自我设计（或创新）成分越多。

没有对象意识和对对象的认知与感觉的管理方案设计，是胡乱设计。管理对象，亦是管理设计的一个输入条件，这是显而易见的——需要特别提示一下的是，管理者因素也是这个对象（系统）的构成。管理是对管理对象的管理，照搬某种规范，等于预设管理对象[②]。以自我设计为中心，是企业管理实践的基本工艺、基本方法和基本心智——基本方向和逻辑上不错，则产生出来的方案就错不到哪儿去。自我设计是主线，知识加持是辅线。形象地说，我们应该把知识垫在脚下，而不是顶在头上。总结成一句话就是：以自

[①] 认知的形成不是以接受为条件，而是以体认为条件。这需要以一种主观上的能力和准备为前提。不具有一种前提，就不可能真正建立起某种认知。概念只是一个符号，没有相应的主观准备的人，其实读不出多少东西。

[②] 因此，外部管理专家（无论是管理咨询顾问还是管理大师）不能是教练，而只应是专业支持者。教练的意思是你照着我教的做，支持者的意思是我帮你进行自我实现。管理学者们可以做理论研究、实践研究、经验总结和方案开发，但不应该抱着对任何企业的经营和管理指手画脚的心态，去教条式地告诉企业应该怎么做和不应该怎么做。

我设计为中心，以功用性为原则，以知识为台阶。

就管理而论管理，会陷入莫衷一是、混乱和局限。我把经抽象而产生的管理知识，称为纯粹的管理知识。对于纯粹的管理知识的"应用"[①]，至少要经过一个与管理对象结合的过程，或者说一个还原的过程。在具体方案的层次上，给出笼统的和一般化的东西（就算这些东西本身是正确的），显然是一种错误，在逻辑上是错位的。在企业管理上，没有多少知识准备并不是什么大不了的事，没有自我设计过程则是一个大大的错误。对具体企业而言，教科书上的方案，不能被视为自己的方案，顶多可以作为一种方案准备——外部经验也是如此。

二、自我设计才是正途

企业与企业之间的不同，包括客观上的不同和企业创造出的不同——我又称之为主观性的不同。主观性的不同，或者说个性化，本身包含的就是一种完全的自我设计。而且这种主观性的不同，也是企业战略发展的应有之义，是一种"企业范儿"。

例如谷歌曾经以开放透明的公司内部文化而著称。谷歌成立时，它建立了一种不同寻常的企业实践：员工可以查阅公司几乎所有的内部文件。例如，从事谷歌搜索工作的程序员可以深入谷歌地图的软件框架中，复制一些代码来修复漏洞或调用某个功能。员工还可以查看头脑风暴会议中的笔记、项目评估结论、计算机设计文档和商业层面的战略计划。这个想法源自开源软件的开发。覆盖范围更广的编程社区通过向任何有想法的人免费提供代码来协作开发。这种理念拥有技术上的优势。谷歌有向所有员工开放的

[①] 事实上，在对管理知识的利用上，我是反对使用"应用"一词的。已有的知识，对具体企业的管理者而言，就只是一种准备，而不是一个要将其在企业身上"变现"的东西。即便抛开这种管理知识的正确性不说，这也等于颠倒了管理与管理对象的关系。

谷歌内网。

而苹果和亚马逊公司均对员工的工作范围有着严格的限制，以免敏感项目的细节泄露给竞争对手。如在苹果公司，开发手机摄像头的工程师可能不知道开发操作系统的同事在做什么，反之亦然。

如 SpaceX 对成本的严格要求也体现在人员招聘上。所有应聘的工程师除了会写代码，还需要手上带活，即具备一定的机械实操经验。因为他们可能会随时下车间去操作机器，调试和制造他们自己研发出来的部件和产品。

如在战略层面，比尔·盖茨相信软件，而乔布斯更加坚信硬件和软件的结合。比尔·盖茨遵循的是个人电脑经济[①]；而乔布斯的视角是用户体验，即通过对产品的全局把控，包括从用户界面到硬件的具体色彩等，打造完美用户体验，打造像麦金塔电脑这样能够激发人们创造力的产品，而且整合软件和硬件，这也一直都是苹果公司的核心优势。

再如苹果公司认为，他们赢的关键是创造伟大产品。在技术日新月异、颠覆创新比比皆是的当下，要想创造伟大产品，苹果公司必须拥有专业深度，其领导人需要拥有非凡的专业洞见和直觉，能够领导并果断下注、拍板决策。苹果公司认为，专家而不是掌管全局的总经理才能做出更加靠谱的技术和专业判断。因此他们拥有一个鲜明的口号和哲学：专家领导专家！同时他们也担心，如果保持事业部制，那些事业部总经理们很可能会为了各自事业部的短期财务指标而牺牲产品的卓越性和全局利益。苹果公司还认为，在考虑如何平衡产品的价值和成本方面，拥有深刻技术造诣的专业线老大，比总经理们做得更好。此外，职能型的架构方式，比较受技术人才的青睐，因

[①] 个人电脑经济理论认为，鉴于这个产业已经将个人电脑中的硬件商品化，那么赚钱的方式将不再是供应商把电脑与操作系统卖给客户这样一种垂直供应关系。相反，经营焦点变成了水平方向的一种选择：让操作系统在别人家的硬件上也能运行。公司应该竭尽所能，通过渗透到电脑产业链的每一个环节，如服务器、打印机、台式机、笔记本电脑等扩大市场份额。

为集中化之后他们可以互相学习，向高手学习；也有利于围绕专业进行创新。苹果对高管有三大要求：①深度的专业知识；②极致把握细节；③协同合作式辩论。同时，苹果公司事实上出现了成千上万个专家小组，协同作战解决了无数个问题，非常灵动且敏捷。

如张忠谋讲述过：1996年，我已经是台积电的董事长，总经理是一位外国人——Donald Brooks。他担任总经理已经五六年了，当时工作很累，他就和台积电提议用按事业部划分的方式来管理，我拒绝了他，因为我们的技术总是在进步，如果以事业部的方式划分，某某技术属于这个事业部，某某技术属于另一个事业部，有些技术都需要用到，那么就要跟不同部门来商量。而且，技术一直在更新换代，比较新的技术过两年就会开始落后，假如把新技术都给总经理，那么技术较为落后的团队也就慢慢缩小了，这样是不行的。

企业是企业的管理主体，高素质的管理者，是企业管理问题的根本之道和最有效的解决方式。在对自我的认知上，自我显然是最适合的认知主体。企业管理发展的前提和重要构成是管理者发展。企业是企业管理方案显而易见的最佳设计主体。企业应是企业管理的主设计师——企业个性化部分的设计，尤其难以由外部主体替代。至少，企业关键位置上的管理者，不能是知识型管理者，而需要是素质型管理者。

功能性解决是对管理发展问题的基础性解决，高素质的管理者是这种功能的核心构成，提高企业管理者的管理素质是关键。每家企业都自带管理能力，这种能力源于人对事物的反应和应对能力；同时，企业也总是需要不断提升这种应对的正确性和技术含量；管理者提升是这种提升的重要构成和基础性的实现方式。专职管理者会趋于模式化、僵化、教条化和事务化；而且，因为游离于管理对象，他们一般不具有在管理上的有效创新和创造的可能。企业的管理，需从工业时代的相对分离和职业管理层主导回归创新时代的一体化和工程师主导，即应赋予研发人员、业务人员以主导权，而不再是职能管理人员把持主导权。如纳斯达克前 CEO 格雷菲尔德，最早是一名软件工程师，就是我们俗称的"码农"，创建了全球第一个电子股票订单匹配系统——技术专业人士才能够领导一场专业性的创造或转型。

企业管理的一致性，仅限于其抽象的根本性设计指向的一致性，以及其基于的事物属性的同一性，而不包括具体设计本身（方案）的一致性。比如吸引人才，但对有些企业来说，你有可能吸引到人才吗？给人才高薪，但对有些企业来说付得出高薪吗？等等。在学习者心理下，大多国内企业在管理上，总是把外来的东西当答案，不是照抄照搬别人的经验，就是照抄照搬教科书；不是去生搬硬套一些所谓的工具和方法，就是信奉所谓管理大师的观点和思想[1]等，唯独不会自我设计，而唯独自我设计才是正途。

三、自我设计，也才能自成体系

以自我设计为中心，企业的管理也才能具有自我的整体性和系统性，即自成体系[2]。同时，在自我定义清楚了以后，自我设计就有了指向、要求和评判标准——这些东西有了，剩下的就只是逻辑性和技术性的问题了，问题的难度大大降低。举一个 ZARA[3] 公司的例子——ZARA 的为顾客提供"买得起的快速时装"的自我定义下的自我设计。

1."三位一体"的设计与订单管理

ZARA 自己设计所有的产品，在其公司总部有一个 300 人的商业团队，是由设计专家、市场分析专家和采购人员组成的"三位一体"的商业团队。他们一起通力合作，每年设计的新产品将近 4 万款，公司从中选择 1 万多款

---

[1] 中国企业在管理上的学习者心理，也为PPT式的管理咨询顾问提供了机会，并制造了对所谓管理大师们和一些管理观点、工具和方法的过度崇拜。

[2] 而实践中，很多企业都把自身的管理做成了各种所谓的管理思想、观点、工具、方法和模块的"装备"和"拼盘"。

[3] 资料来源：MBA智库百科。

投放市场。与竞争对手不同，该团队不仅设计下个季度的新产品样式，同时还不断地更新当前季度的产品。公司推崇民主与创新的设计氛围（公司没有首席设计师，所有设计师的平均年龄为26岁），也鼓励设计人员从全球任何地方获得灵感（设计师的灵感来自贸易情报、迪斯科舞厅、桥上的行人小道、时尚杂志等）。而且全球各个连锁店也可以在设计过程中提出自己的意见。女装、男装和童装的设计师们集中在总部一座现代化的建筑里，分布于各个大厅。每个大厅都非常宽广，设计师们很容易与相邻的同事交流，他们通常坐在大厅的一边，市场专家坐在大厅的中间，另一边是采购和生产计划人员。在每个大厅的正中央都有一些大的圆形桌子，设计人员可以在那里召开临时会议，也可以聚在一起相互交流。大厅中间还摆放着一些舒适的椅子和堆满各种时尚杂志的书架，设计人员随时可以坐下来翻看。整个设计过程都是非正式的、开放的。

设计师首先手工画出设计草图，然后与其他同事——市场专家、生产计划和采购人员进行充分交流。公司通过这个过程保持自己一贯的"ZARA风格"，避免设计师的个人特点破坏了公司的整体风格。讨论之后，设计师把修改后的设计草图用CAD画出来，再进一步修改，保证款式、材料、颜色等搭配得更好。在进行下一步工作之前，必须先估计该设计的生产成本与销售价格，在设计阶段就要避免可能的亏损。接下来，公司会派一位熟练的工人手工试制出一件小型的样品，并放在每个大厅的一角进行现场展示。在这个过程中，任何人如果有建议和疑问都可以直接走到设计师的跟前进行讨论，在现场解决问题。

ZARA的每一个市场专家都要负责管理一些连锁店，作为经验丰富的员工，他们本身通常都是一些连锁店的经理，实践让他们认识到保持与一线连锁店经理的联系是非常重要的，市场专家都与连锁店的经理建立起了非常好的个人关系。通过电话，他们相互之间保持密切的交流，经常一起讨论销售、订单、新的款式等。同样，各地的连锁店也是依据与市场专家的交流获得的信息来确定最终的订单。为了更好地促进这种交流、沟通，公司还特意为每位连锁店的经理配备了专门设计的手提数字设备，保证他们能够迅速传递市场最新动态的数据。设计的最后的决定，包括生产设计的选择、何时生产及产量，都是由相关的设计团队来决定的，不仅设计师要参与，市场专家、生产计划和采购人员都要参与到其中来。设计最终定下来之后，生产计划和采购人员（他们都是非常有经验的员工）开始订单履行流程的管理：制定原材料采购计划和生产计划，监视库存的变化，分配生产任务和外包生产，跟踪货源的变化情况，防止生产不足和生产过剩。

2."垂直整合"式的生产管理

ZARA 公司在西班牙拥有 22 家工厂（其中 18 家位于西班牙拉科鲁尼亚或周边地区），其所有产品的 50% 是通过自己的工厂来完成的，但是所有的缝制工作都是转包商完成的。这些工厂都有自己的利润中心，进行独立管理。其他 50% 的产品是由 400 余家外部供应商来完成的，这些供应商有 70% 位于欧洲，其他的则主要分布在亚洲。欧洲的供应商主要分布在西班牙和葡萄牙，ZARA 公司觉得这样能够进行有效管理，保证供应商能对其订单的变化做出迅速的反应，这也是时装能否取得成功的一个关键。在亚洲，该公司主要生产一些中端的产品，销往对价格、质量敏感的地区。由于 ZARA 公司规模庞大，订单不仅数量大而且很稳定，因此与其合作的供应商都把它作为自己的第一选择，ZARA 公司的话语权也就不言而喻了。

产品究竟由自己生产还是外包出去，这个决定也是由生产计划和采购人员做出的。选择的标准有：产品需求的速度和市场专家的意见，成本效益原则，工厂的生产能力。如果采购员不能从公司内部的工厂获得满意的价格、有效的运输和质量保证，他就可以自由选择外包商。ZARA 公司自己的工厂生产产品时，原材料也尽量从 Inditex 集团内的厂家购买，其大约 40% 的布料供应来自内部。这其中又有50%的布料是未染色的，这样就可以迅速应对夏季颜色变换的潮流。为了能更快地印刷和染色，ZARA同样与集团内的其他相关公司密切合作。为了防止对某一个供应商的依赖，同时鼓励供应商更快地做出反应，ZARA剩余的原材料供应来自260家供应商，每家供应商的份额最多不超过4%。

ZARA自己通过CAD裁剪原材料，缝制工作全部交给转包商。转包商通过与Inditex集团下属的企业合作，自己去收集、运输裁剪后的布料。在拉科鲁尼亚附近，大约有500家这样的转包商，他们几乎都专为ZARA公司工作。ZARA公司也密切监督他们的工作流程，对劳动法的遵守以及其他与生产进度表相关的事宜，以保证产品的质量。转包商把衣服缝制好之后，再送回原来裁剪的工厂，在那里烫平并接受检查。产品最后用塑料袋包装好，贴上相应的标签，然后送到物流中心。物流中心与拉科鲁尼亚的工厂之间都有专门的运输铁路。外包的产品生产出来后，直接送到物流中心。为进一步保证质量，ZARA公司还采用了抽样调查的方法进行检查。

3. 掌握"最后一公里"的配送管理

ZARA公司所有的产品都通过拉科鲁尼亚的物流中心发送出去，该中心有5层楼那么高，建筑面积超过5万平方米，采用非常成熟的自动化管理软件系统——大部分是由ZARA公司或者Inditex集团的员工开发出来的。中心的员工有1200人，每周通常运作4天，运送货物的数量依需求而定。通常，收到订单后，8个小时以内就可以装船运走，每个连锁店的订单都会独立地装在各自的箱子里。有趣的是，尽管在2001年6月的时候，该物流中心的实际利用率大约只有50%，但是到了10月，集团宣布将耗资1亿欧元新建物流中心，而且ZARA公司的CFO也拒绝从财务角度做出评价。除了在西班牙的总部物流中心，ZARA公司还在巴西、阿根廷和墨西哥建有3个小型的仓储中心，用来应对南半球在不同季节的需求。

2001 年，物流中心全年发送了 13 亿件产品，平均每天为 40 万件，其中 75% 都是发往欧洲的。每年大约有 30 万种新品推向市场（大约 1 万种拥有 5~6 种颜色，5~7 个尺码的不同样式）。时装销量占据了 ZARA 公司产品总量的 80%，剩余的为一般服装。在欧洲，分销商通过卡车把货物从拉科鲁尼亚的物流中心直接运送到 ZARA 公司在欧洲的各个连锁店。

物流中心的运输卡车依据固定的发车时刻表，不断开往各地（就像公交车一样）。例如，位于荷兰的连锁店可以知道发货的卡车是在周四上午 6 点离开拉科鲁尼亚物流中心的，同样，总部也很容易计算出货轮从中国返回到鹿特丹港口的具体时间。该公司还有两个空运基地，一个在拉科鲁尼亚，另一个大一点的在智利的圣地亚哥。通常，欧洲的连锁店可以在 24 小时以内收到货物，美国的连锁店需要 48 小时，日本的连锁店需要 48~72 小时。ZARA 特别强调速度的重要性，正如该公司的一位高级经理说的那样："对于我们来说，距离不是用千米来衡量的，而是用时间来衡量的。"相对于行业中的小企业来说，ZARA 公司是不可思议的：出货正确率达到了 98.9%，出错率都不足 1.5%。

4. "一站式"购物的销售管理

连锁店通常每周向总部发两次订单，产品也每周更新两次。订单必须在规定的时间之前下达：西班牙和南部欧洲的连锁店通常是每周三下午 3 点之前和每周六下午 6 点之前，其他地区是每周二下午 3 点之前和周五下午 6 点之前。如果连锁店错过了最晚的时间，那么只有等到下一次了，公司对这个时间限制的管理非常严格，订单必须准时。所有产品在连锁店里的时间不会超过 2 个星期，公司在每个季节开始的时候只会生产最低数量的产品，这样可以把过度供给的风险控制在最低水平，一旦出现新的需求，ZARA 公司可以通过其有效的供应链管理迅速组织生产。在存货方面，行业的通常做法是，季度末的时候一般会储存下个季度出货量的 45%~60%，而 ZARA 公司的该项指标最大不会超过20%，它的供应链依靠更加精确的预测和更多、更即时的市场信息，反应速度比一般的公司要快得多。

ZARA公司的连锁店里，如果有产品超过2~3周还没销售出去，就会被送到所在国的其他连锁店里，或者送回西班牙。通常，这样的产品数目被控制在总数的10%以下。在实际运作当中，通常只有不合常规的比例数的产品会被送回西班牙。这样一来，连锁店的产品更新速度相当快，而且有些款式的衣服是不会第二次进货的，顾客也就会受到刺激，从而在现场就做出购买的决定，因为他们知道，一旦错过之后就有可能再也买不到了。从上面的阐述我们可以看出，ZARA公司每种款式的存货水平都比竞争对手低，并且季节末期的时候需要打折出售的产品也相对较少。而且，即使打折销售，行业的平均水平是6~7折，而ZARA公司却能控制在8.5折以上。

5. 信息和通信技术使ZARA的供应链速度更快

ZARA在信息共享和利用方面表现卓越，使得ZARA的供应链拥有惊人的速度，快速收集市场信息、快速决策、控制库存并快速生产、快速配送的运作模式在ZARA公司得以实现。

对ZARA来说，服装款式直接来源于其分布在世界各地的品牌专卖店源源不断的电子邮件和电话。从一开始，ZARA就真正做到了从顾客的需求出发，及时对顾客的需求做出反应，而不是去预测一个遥远的、可能的将来。根据顾客的需求，ZARA的生产、运营管理者和设计师们聚在一起，共同探讨将来流行的服装款式会是什么样子、用什么样的布料、大致成本及售价等问题，并尽快形成共识。然后，设计师们快速地绘出服装的样式，给出详细的尺寸并准备好技术要求。因为布料和衣服上的小装饰品在ZARA的仓库中是现成的，制成样品只需要很少的时间。同时因为整个团队都在同一个地方办公，讨论、审核、批准也同样很快。一旦设计款式批准通过，生产指令马上出来，立刻按要求裁剪布料。裁剪是在 ZARA 自己高度自动化的剪裁设备上完成的。裁剪好的布料被运送到由一些小型工厂组成的制作网络中进行缝合。而这些小工厂几乎都位于加利西亚省或葡萄牙北部，约有 400 个。ZARA 为这些小工厂提供了一系列容易执行的指令，这使得他们能快速地缝好衣服并不断地将缝制好的衣服送到 ZARA 的成衣和包装部门。

因此，在其他公司需要几个月时间的工作，ZARA 在几天之内就能完成。最后，ZARA 高技术含量的分销系统确保了各种款式的服装都不会在总部停留太久，服装在分销中心被快速地分拣、装车并送往专卖店，在 24~48 小时内就能到达专卖店。每一个专卖店每星期收到两次供货，因此生产完成后，服装在最长的运输途中也不会超过一个星期。

信息和通信技术是 ZARA 供应链运作模式的核心，信息系统的应用将 ZARA 的产品设计、生产、配送和销售迅速融为一体，让 ZARA 的供应链"转"得更快。正是因为在信息应用方面表现卓越，才使得 ZARA 拥有如此惊人的速度。其卓越性主要表现在四个方面：

在新产品设计过程中，密切关注潮流和消费者的购买行为，收集顾客需求的信息并汇总到西班牙总部的信息库中，为设计师设计新款式提供依据，以快速响应市场需求。关于时尚潮流趋势的各种信息每天源源不断地从各个 ZARA 专卖店传到总部办公室的数据库。设计师们一边核对当天的发货数量和每天的销售数量，一边利用新信息来产生新的想法及改进现有的服装款式，在与生产、运营团队一起决定一个具体的款式用什么布料、如何剪裁及如何定价时，设计师必须首先访问数据库中的实时信息。

在信息收集过程中，ZARA 的信息系统更强调服装信息的标准化，为新产品设计和生产提供决策支持。对一个典型的服装零售商来讲，不同的或不完全的尺寸规格、不同产品的有效信息，通常需要几个星期才能被添加

战略性生长——该如何经营企业

到产品设计和批准程序中。但是在 ZARA 的仓库中，产品信息都是通用的、标准化的，这使得 ZARA 能快速、准确地准备设计，对裁剪给出清晰生产指令。

在 ZARA 的供应链上，ZARA 借助自主开发的信息系统对产品信息和库存信息进行管理，控制原材料的库存，并为产品设计提供决策信息。卓越的产品信息和库存管理系统，使得 ZARA 的团队能够管理数以千计的布料、各种规格的装饰品、设计清单和库存商品。ZARA 的团队也能通过这个系统提供的信息，以现存的库存来设计一款服装，而不必去订购原料再等待它的到来。

值得一提的是，ZARA 的信息系统对分销过程中的物流配送进行跟踪管理。ZARA 的分销设施非常先进，运行时需要的人数非常少。大约 20 公里的地下传送带将商品从 ZARA 的工厂运到位于西班牙 ZARA 总部的货物配送中心。为了确保每一笔订单准时到达目的地，ZARA 没有采取浪费时间的人工分检方法，而是借用了光学读取工具，这种工具每小时能挑选并分拣超过 6 万件衣服。在 ZARA 总部还设有双车道的高速公路直通配送中心。由于其快速、高效的运作，这个货物配送中心实际上只是一个服装的周转地，而不是仓库。

ZARA 的信息应用系统卓越的表现是信息与业务有效结合的产物。ZARA 的信息应用系统的基础架构不是一两年就建好的，我们现在看到的 ZARA 的信息应用系统是多年来 ZARA 不断投资建设的组合结果，是一个功能领域、一个功能领域逐渐完善的成果，是信息系统与业务流程有效结合的成功表现。也就是说，这些卓越成果的取得是业务需求与信息有效结合、积累的产物。正如我们所看到的，ZARA 的盈利能力会随着信息系统支撑的组织结构、业务流程和业务模式的不同而发生巨大的变化。

以门店管理为例，ZARA 将信息系统部署到每个门店去，每个店有自己

第六章 自我设计

的货单，但法国店的货单就和意大利店的不一样，这是一种非常个性化的做法。而门店经理则负责查看店中的货品销售情况，然后根据下一周的需求向总部订货。总部通过互联网把这些信息汇总，发给西班牙的工厂，工厂以最快的速度生产和发货。门店经理自己决定应该进什么货。ZARA对门店经理的考核，则是看该店的销售有没有上升，如果出现货品积压，那么就由门店经理为这些库存买单。ZARA使用信息技术对其组织形态、业务流程进行了设计，并且效果卓著：所有的技术人员讲话完全是业务部门的口气，所有的业务人员就像技术部门的员工那样交谈。

第三节　认知始终是最大的问题[①]

一、从认知到方法，是人类实践的基本过程

管理是对管理对象的管理。对对象的认知，是对对象进行有效管理的基础，这似乎是不言自明的。不懂管理对象的"管理专家"，就像不懂人体和人的生理的医生，是要治死人的。管理专家的第一要务是研究管理对象——从管理的角度[②]。对管理对象的认知应属于管理的范畴，正如对人体的研究和认知属于医学的范畴一样。作为管理实践者的必要条件，应是熟知和深刻理解他的管理对象，而不是掌握了许多的管理概念、模式、工具和方法。不懂管理对象就属于不懂管理，拥有再多的管理知识也还是属于不懂管理。不讨论对象而讨论管理，还是一种程序上的错误。不能就管理而论管理，而应该就管理对象而论管理。只论"管理"而不论"管理对象"的所谓"管理专家"，是不可理喻的。

"微信之父"张小龙曾说：产品经理是站在上帝身边的人，因为上帝是创造这个世界的人，而产品经理是创造一个虚拟世界的人，所以他也是一个创造者。同理，管理者（包括作为管理者的企业家）也应该是站在上帝身边的人，他们参与创造了企业这个"产品"，他们也是创造者。与上帝不同的是，上帝已经知道该怎么创造，而我们则需要通过认知才能知道何为正确，才有资格成为站在上帝身边的人。认知是上帝赋予人的洞察事物真相的能力。正如马斯克所说：我们不知道宇宙的答案是什么，甚至不知道该问的问

[①] 这部分也构成我在本书中对目前的管理学的两个批判之二：对管理对象的认知严重缺位。
[②] 任何事物都是一个无限维存在，我们对它的研究不可能也是无限维的，也无须是无限维的，各类主体是从各自需要的角度研究它。

题是什么，但是，如果我们可以将人类意识的范围扩大，我们将更有机会知道该问什么问题。从认知到方法，是人类实践的基本过程（见图6-2），是人类理性与实践共演的基本方式，企业管理也不例外。

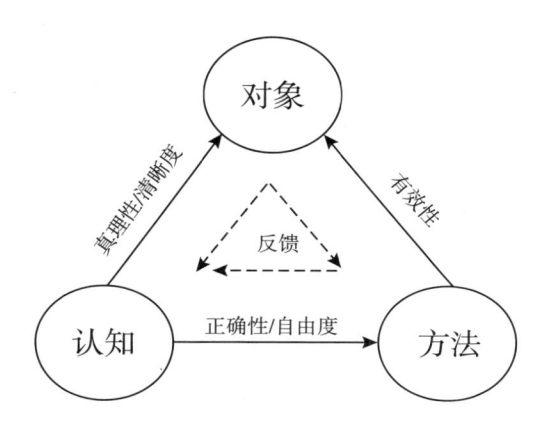

图 6-2　人类实践的基本过程

事物的基本设置和底层逻辑即自然法。任何限制与扩张，都是从内心开始，以事物的客观规律结束的。自然法是一种无形的宰制力，人类无法逾越，做对了就有对的结果，做错了就有错的结果，这是谁都改变不了的。认知是人类有效实践的逻辑起点[1]。也没有谁可以使自己置身于自然法之外，正如你不能决定你是否受重力的影响，你也不可能因宣称不受重力的影响就事实上真的不受重力的影响。我们得到的是一个严格符合事物因果关系的精确的结果[2]。我们不能用主观替代真理，就像我们不能用"讲贡献而不讲回报"

---

[1] 认知能力，是人的实践（包括管理）能力的基础性构成，也是管理者素质的基础性构成。认知能力是成为伟大企业家和卓越管理者的必要条件，如亨利·福特、威廉·麦克奈特、松下幸之助、艾尔弗雷德·P·斯隆、帕卡德、安迪·格鲁夫、大野耐一、阿曼西奥·奥特加、史蒂夫·乔布斯、欧文·雅各布、张忠谋、谢家华，以及同时作为公司总工程师的弗雷德里克·温斯洛·泰勒等，都是具有认知性心理和认知能力超群的人。每位企业家和管理者也都不应该浪费自己的这种管理能力。一个连起码的认知能力都没有的人不可能成为一个优秀的管理者。

[2] 所有的结果都是必然的，如果它出乎你的意料，那不是因为事物的因果关系出了问题，而是你的关于它的认知不及或出了差错。

替代"讲贡献还要讲回报",因为替代不了。唯有对事物的真理性认知才能给我们以正确的指引,包括该采用什么方法,以及朝哪个方向用力。

认知是对上帝的秘密的反向工程,目的是使我们也能具有造物主般的能力。认知解决把事情做对的问题,而成功的背后一定是做对了什么。认知理性[1]是人类最高级的理性形式。作为企业(家),需要具有这种理性。很多我们视为价值判断的东西(如应允许不同的声音出现),都有其背后的合理性。换句话说,那其实不是一个价值判断问题,而是一个科学性问题,只是我们尚未发现它内含的那个合理性而已。认知包括对人类自创的东西(如管理)的认知。

认知是对事物的真相的探寻[2]。问题的关键不在于答案,而在于真相。知道了事物的真相,就能知道正确的做法是什么。看清事物的真相的人,才会真的拥有智慧。例如,如果我们知道理念是如何传递的,我们就知道了该如何去传递理念。乔布斯在回答如何把理念传递给每一位员工时说过:(理念)最终是通过实例传递的,比如说,当一个产品做得不是很好时,你会暂停这个项目然后改进,还是对外发布呢?每个人都在观察高管们怎么做决定。我们尝试去做的,就是停下来把它做到最好,我们会在推出产品前解决掉问题。你可以说任何你想说的,但大家都在仔细观察着:当你处于困境时,你会怎么做决定、有什么准则。

认知让我们可以对问题给出确切的答案,能还是不能,以及最大的可能性在哪里。借用马斯克在一次访谈中的一段话来说明就是:第一性原则意

---

[1] "认知理性"是我提出的一个概念,即基于认知的心智和行为模式。认知理性要求认知严格地基于现象和事实本身,这是一种"无我的理性"。不排除自我,则不可能看到真相。认知理性者,也是站在"超我"的位置看问题的人。也可以说,认知是人被事实和现象启示与启蒙的一类活动。认知理性也是对基于直观的理性和经验理性的超越。

[2] 认知作为动词即指这类活动;认知作为名词是指这类活动的成果,即主观获得的关于事物的真相——并非任何一种主观上的获得都是认知。概念建构起我们的意识体系,需要首先被澄清。概念澄清也意味着认知的清晰度提高,其本身也是认知发展。在企业管理学领域,概念含混不清的情形无处不在。

第六章 自我设计

味着要把解决事情回归到事物的本质上去，从我们基本确信的点出发。例如电池成本过高，过去是 600 美元／千瓦·时，未来也不会好到哪去。我们会想电池是由什么组成的。从第一性原则来看，组成电磁材料的这部分的市场价格是多少？接着得出电池其实是由钴、镍、铝、碳，以及一些高分子聚合物，还有一块钢制密封壳组成，我们将电池分解到原料层面来看。接着想如果去伦敦金属交易市场购买，这些原料将花费多少钱。发现只需 80 美元／千瓦·时。很明显，现在你只需找出一个聪明的办法，将这些原料组合成电池，就能得到比任何人想象中便宜得多的电池。

认知到事物的本质，能给我们最大的自由度。认知理性者也是最具创造力的，而且是那种靠谱的创造力。正如马斯克所说：你分析事情时，应该透过表象看到内在的逻辑，从根本出发进行推理，这样你才能很好地判断某个想法是否真的行得通；当然，这是很难的，你不能什么事情都这样考虑，这需要很多精力，但在创新的时候，这无疑是最好的思维方式。创新是属于认知的。空间都蕴含在存在中，是认知的拓展给我们开辟出新的价值性领域和方向。

认知理性也是我们走向更高实践水平时可以凭借的东西。认知理性者没有终极答案的概念，并且总是可以有所突破。贝索斯说"大多数公司付出的最大成本都很难察觉"，我对这句话的翻译是：真正正确的做法都在我们的意识之外。认知理性可以让我们触及关于事物的更多的维度，包括更高维度；而不是总是只用一种框架来思考，以及将所有的事情都硬塞进这个心智模式。获得对高维世界的认知，是进入高维世界的入口；向上突破，首先是认知的向上突破；认知是人类理性的伸展，也是对人类理性边界的拓展[1]。认知理性还可以让我们摆脱既有观念的束缚和局限，让我们恢复最原初的、对

---

[1] 最有价值的管理学的书，是能拓展人们的认知的书，而不是教授一些具体知识的书。具体知识则可能是让人的主观变得狭窄化和固化，把人变"笨"、变"傻"、变得局限。把认知作为一个知识点接受下来，也是对认知的具体知识化，其价值被大打折扣。也因此，知识学习者与知识创造者之间总是差着层次。

事物的探察能力——要知道，差不多所有人都是活在某种观念中的。

回归第一性原则，还可以使我们不再盲从和盲信，以及走出经验和被灌输的知识、观念混合的主观世界。正如甲骨文公司创始人拉里·埃里森所说："不要简单地遵循传统的思维方式。很多东西都是属于潮流的，甚至道德有时也基于潮流——曾经人们并不认为奴隶制是不道德的，现在人们对古希腊有奴隶感到震惊，130~140年前我们国家（美国）还存在奴隶制。所以，你必须真正回到第一性原则。"人具有天然的对事物的理解和认知能力。但很多时候，我们其实都是掉在别人构建的观念和知识的陷阱里的人[①]。认知的发展，可以使我们不断地走向一种自我对事物具有清醒和清晰认知的状态。没有认知，人们只会跟风、人云亦云或听从所谓的权威。

认知才可以使我们抵达那些不变的东西。认知不仅可以使我们真的找到那个"基本确信的点"，还会重塑我们对有些问题的看法。例如，如果像贝索斯认知的那样，"客户总是不满足的，即使他们并不知道这一点，即使他们认为自己已经很快乐了，他们确实已然想要更好的方式，他们只是不知道应该是什么，这就是为什么我总是警告人们痴迷客户不仅仅是倾听客户的意见，痴迷客户是站在他们的角度去创造，因为去发明不是客户的工作"，那么创新、颠覆，包括自我颠覆就会被视为作为一类主体的企业的本分和当然，而不仅是个别伟大企业（家）的传奇——这也将会使我们的企业经营管理观念及思维发生根本性改变。

二、对对象的认知，决定我们能否把管理做对

管理，应是在自然秩序基础上的有效的人为。有效，指对目的而言的有

[①] 这阻碍了我们的理解和认知能力的发挥与发展，而且久而久之，这种能力还会消退，我们的主观世界便也最终成了别人创造的东西的"容器"。我认为这种天然的理解和认知能力即是自我的本体；没有了自我的存在，自我便不存在了；自我不存在，智能便也不存在，创造性便也不存在。

第六章　自我设计

效性和效率性。自然秩序即底层秩序，人力不能对其进行修改；任何对它的扭曲，都会遭到它的反噬。自然秩序如万有引力，我们无时无处不处于其中。对真实自然过程的无知和无视的结果是遭受挫折，是长期停滞在一种原始的实践状态；而想当然和基于对事物的错误假设的行为，结果注定归于失败。

对对象的认知，决定我们能否把管理做对。把管理做对，显然比把管理做精更重要，应处在更优先的位置上。管理是一种面向对象的设计与知识性活动。在对对象的认知上，管理者较医生的任务更为繁重，因为管理的对象又在具体上各不相同；管理者对管理对象的认知，还须包括对具体管理对象的个性部分的认知。如果真能认知到，则怎么做一般不是什么难事。对企业的认知，即对企业及其构成的认知，从整体到细节，从一维到多维，其结果应该是一个认知体系，是一个被不断拓展的认知体系。没有认知基础的所谓的方案，并不具有多少方案价值，其中那些诉诸人的情感需要的东西则沦为"鸡汤"。

企业管理就好比治病，有效性在于对症，如果对作用对象认知不足，如何能做到对症，只是试错罢了。既然是试错，那什么结果都有可能出现——这是再正常不过的了。认知不到位，也很难实现对问题的正确归因。不能正确归因，就不可能有效地解决问题。

认知是一个解构和解释模型。有解构，才能有重构，并进行有效的创新。认知是人类收获的具有尺度功能的东西，而且还具有事实（和经验）这种尺度所不具有的价值——设计基础价值[1]，包括提供有效的创造性设计的空间。把底层的东西弄清楚，才有可能产生"天才的设计"。你对事情的理解，就是你在这件事情上的竞争力。对企业管理而言，对问题而言，应该总是从认知开始，而不应一上来就直奔答案而去。

---

[1] 观点并不具有认知的这些属性和价值。人类经由认知摆脱自然发展状态，走向战略发展模式，即有效的人为模式。

认知是一个感知和觉悟的过程。认知事物的基本方式有两种：直觉[1]和解构——我们借助直觉突破意识的边界，借助解构实现对认知的确认和清晰化、精确化。也不能用主观的建构代替事物的本然；在对对象进行认知的时候，我们不能是一个主观主义者（尽管需要有主观的参与），我们应该处在一种主观上的傻瓜状态（如乔布斯所说的"stay foolish"），或者说纯粹的认知状态[2]。千万不要让你的观念主宰了你的认知活动。

同时，由于人类认知能力的局限性，获得关于事物的真理性认知需要一个过程。认知的主观性偏差总是存在的。认知理性包括认知到人的认知能力的有限性，以及对结果上的反馈保持敏感[3]。认知理性者永远保持对对象的凝视和继续解读，是一种开放而坚定的状态。正如奈飞 CEO 里德·哈斯廷斯所说：你永远无法确切地知道任何事情，保持一定的质疑非常重要；我们在奈飞经常做这种练习，这是我组织所有信息的一种方式；有人会说"他们把价格改了，如果我们不这样做的话可以考虑广告业务"，然后我真的思考了这个问题，问了很多"我真的会这样做吗、我确定吗、对这件事有多自信"这样的问题，我们称其为"收割不同的意见"；你不可能对任何事情都感到有信心，你要不断保持好奇心，而且必须非常坚决地去执行。

任何存在都是无限维的，我们永远进展不到认知的完成态。开放性也是我们在面向未然和未来上应具有的一种基本心态和心智模式。再多的经验和

---

[1] 直觉也可以理解为尚不能确定的认知。因此对企业（家）而言，认知理性还包括，你的冒险至少要在直觉的范围内，以及可以承受因它是错误的而带来的失败结果。

[2] 单纯的人，更容易达到这种认知状态。尤其要摆脱知识的羁绊，放下获得的所有知识，才能走出知识所构建的观念世界；应该将知识转化为个人能量态而不是主观的构成。认知，作为一类活动，是要突破现有的认知。已然之所以会对我们的对事物的认知的发展产生阻碍，是因为它同时参与塑造我们的主观和心智模式，使我们丧失对存在的最原初的领悟力。

[3] 企业界常用的"复盘"是有效利用这种反馈机制的一种方式。正像桥水公司创始人瑞·达利欧说的：最好的概念来自从错误中学习，并以一种系统的方式做，失败只是旅程的一部分。认知受认知主体的局限性的制约，总是存在或这样或那样的不足和缺陷。真正的认知理性包含着对错误认知的反馈机制，包含着对主体的认知局限性的突破方式。

知识也比不上认知型心智模式有价值。

前提[①]和逻辑决定结论,逻辑是自然地起作用的因素。因此,解决问题时很少有不涉及前提的情况;前提上的突破来自认知的发展;对事物的认知(的发展),包括对逻辑[②]的发现,构成我们卓有成效的创新和行动的基础。没有认知上的突破,我们就不能获得对现在的超越,以及对观念世界的颠覆与拓展。认知不仅是最大的问题,而且始终是最大的问题。有认知发展障碍的企业不会再有发展,包括不能实现成功的变革与转型。

三、认知严重缺位,是管理学领域的一个事实

认知严重缺位,是管理学领域的一个事实,包括对企业的认知和对管理的认知(管理是企业的构成,也是管理的管理对象);包括对整体的认知和对特定问题的认知。截至目前,关于企业管理的经验、观点、模式、工具和方法等的书籍和教科书多如牛毛,而关于对管理对象的认知性内容却极度缺乏。

在目前的管理学知识体系中,关于认知,只有一些零星的成果。相对于企业这个复杂性对象和诸多管理问题而言,这点东西实在可以算得上少得可怜;且已有的认知性内容,大部分还是从心理学和经济学领域引用过来的,同时,关于企业是什么、管理是什么等这些专属于企业管理的基本问题和核心问题的认知,基本空白——例如关于"企业",在很多人的思维里,只是一个空泛的概念性存在或经验性存在。

[①] 前提是一个被视为正确的认定。即使是以一个事实(包括现象)为前提,也存在着对事实的求真和正确认定的问题;有些人所说的事实,其实只是他"看到"的事实,而不是事实本身,这自然会导致结论(包括认知)的错误和偏差。同时,与前提性问题有关的另一个常见问题是,前提并不成立或难以建立。我们需要时时提醒一下"请注意你的前提"。重置前提,即为"颠覆"。

[②] 逻辑即内置于事物中的先验秩序与合理性。逻辑是事物的基本构成,也是可以反过来用于查找事物的真相的工具。

而该知识体系的另一个构成——企业的管理创新（参见第六章第一节的附表2），我相信企业家们在行动时是有其真切的感受、直觉、领悟和认知的（从本书中列举的许多企业家的讲述中就可以看出），可是在记录、总结和传播这些创新成果时，其中的认知性内容显然都被忽略掉了（这种被忽略也是我在管理学批判一中讲的"割裂"下的一个必然），只剩下方法和策略本身。

在企业管理学领域，我们甚至都还没有对象认知意识。管理学者们通常也并不把对管理对象的认知问题视为问题。一直以来，他们都热衷于传播管理经验，热衷于提出各自的观点和说教，热衷于意图引领管理的时代潮流，热衷于到处推销他们炮制的各种概念、模型、工具方法和所谓的解决方案，甚至热衷于推销他们个人的价值观和主张，而对于管理对象，却很少有人认真地去"看"上一眼，对企业作为一种实践的真实与自然的过程很少有人认真地去考察一番，对企业兴衰成败的决定性因素很少有人试图去弄清楚！我认为，这样就把努力用错了方向。

作为对对象的管理学，却没有对对象的研究，只有对管理的研究（而且不包括管理同时作为管理对象的研究），这难道不是一件很奇怪的事情吗？当然，它们中都含有一定的认知性成分，不过事实上，那些更接近于对管理现象的认识（know）而不是认知（cognition）。到目前为止，管理学者们的最高水平的学术成果是：讲述一个还算不错的观点。

对管理对象的认知严重缺位，等于企业管理理论严重缺位。真理性认知即理论[①]。理论属于对对象的认知一类的东西，物理学理论即是对物理世界本身的认知，如万有引力定律、宇宙大爆炸理论、相对论、原子论、浮力理

[①] 认知出自直觉而非逻辑；认知作为一种结果在内容上一定是符合逻辑的，但这并不意味着逻辑反过来即是它的产生工艺。对于认知发展而言，仅有逻辑是不够的。认知发展严重依赖于人的天赋（包括潜意识中的东西）和纯意识能量状态，因此也总是很少有人能在这方面（人们所说的理论研究或科学研究上）有所建树。认知的价值，既是拓展，也是正确性的基础。

论、黑洞理论、场论、量子力学理论等；生物学或社会心理学理论即是对生物世界或社会心理现象的认知，如进化论、遗传理论、情绪劳动、破窗效应等。理论仅指对对象的真理性认知，是将先验性存在和秩序纳入主观的一种结果。理论是对自然法的人为呈现。对对象的认知产生理论；没有这种认知性行为，就不可能有理论。理论是一种解释和解构。理论属发现，而非某种人为的建构，尽管它需要通过一种人为的建构来加以呈现。观点不是理论，思想也不是——不论其多么伟大，它们甚至都不属于严格意义上的知识；把某种观点或思想归于理论，则是对理论为何物的无知（见图6-3[①]）。

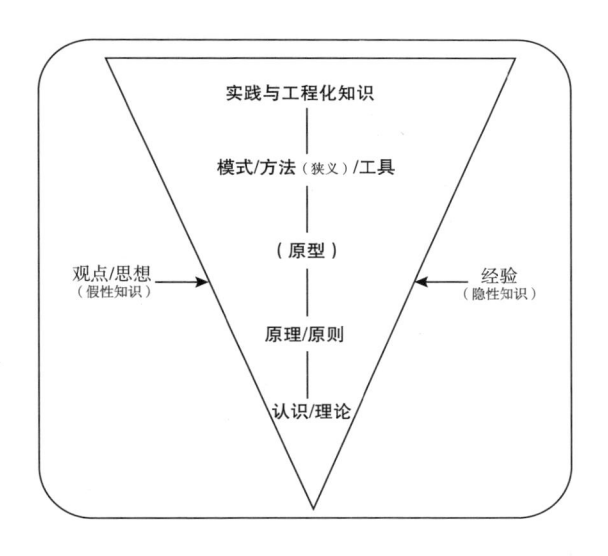

图6-3 学科知识体系

[①] 该知识体系可再进行分类，比如再区分为科学性知识和实践性知识——这两者也是关于"知识"的标准，即作为"知识"，科学性和准确性必居其一，否则，则不属于知识。科学性知识可再区分为理论和技术。实践性知识也是一类知识，是一类关于实然的信息性知识；某个企业的管理做法作为事实是怎样的，也属于实践性知识，其本身并不具有多少知识的价值（管理"对标"，是一种肤浅的管理行为），需要通过对其的抽象和解释生成更具知识性的知识。该知识体系也为我们将各种知识各归其位提供了一个工具。知识是人类理性的结果，并成为新理性的构成，知识的正确性很重要。通过经验总结，有时也能得出一些与从认知出发的相同原则（如以人才为中心、企业家精神等），但存在着经验式缺陷，如知其然而不知其所以然等。管理学应是一个知识体系，但我们首先得搞清楚怎样才算是知识，以及各类知识的价值和适用性边界。

管理学尚严重地缺失对对象的真理性认知这种成分，其学术界目前还只是一个充斥着经验和观点的学术江湖和学术丛林。"管理就是管人""定价即经营"和"管理的本质就是激发人的潜能与善意""战略即定位"等偏执性的观点比比皆是。丛林状态即草创状态。管理理论是关于管理对象的知识，是对象学，是完整的管理学的基础性构成部分。

管理也是一个科学[①]和技术领域，理论是它的科学性部分。没有理论的学科的问题是，它的科学性不足，也难以形成一个严谨的、体系化的学科知识体系[②]，并很容易陷入知识种类上的混乱。离科学性太远，是管理学一直存在的一个问题。目前的管理学更接近于一种文化现象[③]。这也导致一直以来的管理学知识和管理实践，整体上停留在事物的表面，且比较粗糙；所谓的发展，也多半是从一种样式向另一种样式的切换。企业管理学需要一次从法约尔范式向科学范式的转换。

对象构成以对象为对象的知识规制，设定知识的体系范畴和评价标准。对对象的认知的发展牵引着整个知识体系的发展，包括对它的重新架构和知识性的重新认定。有真理性认知（或理论）的照鉴，则实践可以达到一种更高的水平和层次。认知的过程，也是一个知识创造的过程；作为结果的认知，又是一类知识[④]。认知，是人类的科学性行为，并成为行为的科学性的基础。对象永远是管理研究的第一对象，对象研究是企业管理研究的起点；对对象的认知，是人类理性实践和科学实践的起点。

[①] 即便是对其中的人性部分的应对，也应该被纳入科学范式之下。人作为一种对象，也是有其属性和可以被认知的。科学是从现象世界走向真理世界的一类人类活动。

[②] 哈罗德·孔茨显然没有能力为企业管理学提供一个这样的体系性框架，所以干脆弄个筐，将各个管理学者们的东西都收录起来，并称之为"管理丛林"。

[③] 文明和文化都是人类的产物。文明属于文化，是文化中的科学性和道德性的部分。

[④] 每一个开启了认知的人都可能获得他的关于事物的真知灼见。人们也大可不必在心理上总是匍匐在那些被推崇的"大师"们的脚下。卓越的人首先是一个卓越的认知主体；而那些不是作为一个独立的认知主体而存在的人，则多半会落入他人构建的观念体系的牢笼，成为存在于如弦理论中的一个口袋宇宙中的人。

第六章　自我设计

把经验性的东西上升为一般性知识和原则，则似是而非[1]；相对于认知、观点，无论其对错都毫无价值[2]，并可能造成误导。作为科学的企业管理学应该是"认知管理学"，即基于和包含认知的企业管理的知识体系和实践范式。认知缺位的意思是，我们对管理对象还不是太懂，以及有效管理的前提缺位；对企业作为一个总体的认知的缺失，必然导致盲人摸象的问题。企业管理学领域不需要有管理大师，但需要有管理学家、管理科学家和管理工程师。

---

[1] 将特殊等同于一般，也是一种逻辑上的错乱。

[2] 观点，更接近于人们的一种自我的主观表达，没有逻辑，也不论前提，与科学性知识的产生不是一个范式。我们要区分观点与认知，以及思想与理论，对它们的混淆会造成误导。尤其要警惕自己的主观世界被观点和思想性的东西"占领"——目前的企业管理学领域充斥着这种东西。管理学属于科学而不是宗教；人们对目前的关于企业管理的许多观点、思想、观念（如法约尔范式）及管理大师的接受，与中世纪人们对宗教的信仰没什么不同；所以，企业管理学领域同样需要笛卡尔的"用知识替代信仰"。

后记 我与企业管理学的重建

从 2014 年我有了"重建企业管理学"的想法开始，到 2021 年我的第一部著作《管理即企业设计》出版，不觉已经过去了 7 年。这是如一叶小船独自在茫茫大海中航行的 7 年；这是只有北极星可以用来指引方向的 7 年，没有航线，也不知道目的地在哪。这中间有过沮丧、灰心、无力感，以及放弃的念头，但我还是走出来了。《管理即企业设计》是一部关于企业管理基本问题研究的结集，是我对管理的底层东西的触摸。它为世人呈上了一部管理理论著作，也让我的一只脚踏入了理论世界的大门。它是我那个梦想的艰难的初战告捷。

2021 年 3 月至 2022 年 3 月，我又完成了第二部著作《战略性生长——该如何经营企业》的写作。它的主体内容是对企业的认知，兼及对目前的管理学的批判。它承载着我建立企业管理统一理论的梦想，我对它充满期待。它也是我对关于企业经营和管理的终极问题的挑战。

就管理而言，归结起来有三类问题：认知性问题、方案性问题和实践方式的问题，或者说，理论性问题、技术性问题和实践方法的问题。目前的企业管理学局限在方案性问题领域，而且是法约尔范式的。真理性基础和与实践的正确关系缺失[①]，是它的主要问题和诸多具体问题的根源。同时，整体上，企业管理学目前还停留在经验和观点的层次，这是一个遗憾！

---

① 现在回过头来看，我才明白，这就是我当年感觉企业管理学需要重建的原因，是导致我产生许多困惑的原因。

战略性生长——该如何经营企业

  只有真相才能让众说纷纭趋于统一,才能辨识知识的真伪和似是而非,并提供一种完整性和有效的框架。学科的重建是通过对它的理论基础部分的重建实现的,而认知是通过新认知的替代而被刷新的。《管理即企业设计》属管理理论,《战略性生长——该如何经营企业》是企业理论,这是我在管理学重建上取得的两项成果。理论性思考,也是一种更深刻的思考。在这个企业化时代,在这个唯有更深刻才能卓越的新企业化时代,我知道它们的价值和意义,我也希望有更多的管理者能从中受益。

  我认为亟须让管理回归"是对管理对象的管理"的本意,并把管理研究的起点和目光从"管理"转向"管理对象"。我提出了"理论管理学"和管理实践的"科学范式"[①]的概念;我在企业管理的研究上采用"实践解释"这一科学研究的基本方法;我对目前的管理学进行审视和批判——如果说伟大的物理学家、科学革命的先驱伽利略·伽利雷的《关于两大世界体系的对话》是神学时代与科学时代的分水岭,我希望我的批判能成为企业管理学的草创阶段与科学发展阶段的分水岭。心智模式是在分辨事物和世界的过程中建立的,也需要通过重新分辨实现重置。

  在管理上,为什么我们有时候会无所适从?因为我们内心中没有准绳;我们所做的管理为什么会无效?因为我们其实并没有做对。我相信真理的力量。搞清楚事物的真相,也是我的心理习惯。我喜欢那种一切都弄清楚了的状态。最后,引用伟大的现代物理学家阿尔伯特·爱因斯坦的一句话作为结束:我自己只求满足于生命永恒的奥秘,满足于觉察现存世界的神奇的结构,窥见它的一鳞半爪,并且以诚挚的努力去领悟在自然界中显示出来的那个理性的一部分,即使只是极小的一部分,我也就心满意足了[②]。

  [①] 我理解的"科学"有两个含义:一个是对自然法的发现,一个是对自然法的遵从。对自然法的发现即理论,遵从自然法的人类创造的方法即技术。自然界有自然界的自然法,人类社会有人类社会的"自然法"。自然法无法被超越或违背。因此,科学性与正确性是可以画等号的。

  [②] 选自商务印书馆1979年出版的《爱因斯坦文集》第三卷第46页。